당신은 회사의
평가에 만족하십니까?

직장인을 위한
100점 승진 매뉴얼

당신은 회사의 평가에 만족하십니까?
직장인을 위한 100점 승진 매뉴얼

초판 인쇄 2017년 2월 22일
초판 발행 2017년 2월 27일

지은이 후지모토 아쯔시 ㅣ **옮긴이** 남기훈

펴낸이 오세형 ㅣ **펴낸곳** 도서출판 참
교열교정 북드림, 심은정
표지 디자인 및 본문편집 북드림, 박상희
마케팅 유인철
제작지원 TOPIK KOREA

등록 2014년 10월 12일 제 319-2014-52호
주소 서울시 동작구 사당로 188
전화 02-3477-8838(도서 내용 문의), 02-595-5746(도서 주문 문의)
팩스 02-595-5749
블로그 http://blog.naver.com/cham_books
이메일 cham_books@naver.com

ISBN 979-11-958836-3-9 03320

※ 도서출판 참은 참 좋은 책을 만듭니다.
※ 잘못된 책은 구입처에서 교환해 드립니다.
※ 정가는 표지에 표시되어 있습니다.

당신은 회사의 평가에 만족하십니까?

직장인을 위한 100점 승진 매뉴얼

후지모토 아쯔시 지음 남기훈 옮김

도서출판 참

"회사에서 이루어지는 평가는 여러 가지, 따라서 불만도 여러 가지일 수밖에 없다."

이 책을 집필하는 중에 가수 시마쿠라치 요코(일본의 유명한 엔카 가수)가 사망했다는 뉴스가 방송되었다. 그러면서 그녀의 대표곡 중 하나인 〈인생은 여러 가지〉가 자주 흘러나왔고 그것을 듣고 있자니 불현듯 위의 말이 떠올랐다.

열심히 샐러리맨 생활을 하던 그 시절의 나를 돌아봐도 '회사에서의 평가는 여러 가지이며 그에 따라 직원들의 불만도 여러 가지'였던 기억이 떠오른다. 업무에서 우수하다는 평가를 계속 받더라도 내 가치를 제대로 인정해주는 사람, 인정해주지 않는 사람, 이외 여러 사람이 있었다. 동료와 주위 사람도 나와 비슷하게 느끼는 것 같았다. 회사 안은 늘 불만으로 가득했다.

왜 이렇게 회사의 평가에 불만이 많을까? 그 대다수 이유는 무언가 부당하다는 생각이 들기 때문이다. 그러면서도 실생활에서는 '몇 배로 갚아주겠어!' 하고 상사에게 덤벼드는 한자와 같은 사람 (일본 TV 드라마 〈한자와 나오키〉의 주인공〉은 거의 없다. 속으로는 자신을 부당하게 평가하는 상사에게 한자와처럼 덤벼보고 싶은 생각이 가득할지라도 말이다.

현실은 그리 간단하지 않다. 불만을 표출한다면 더 나쁜 평가를 받게 될 것이 뻔하기 때문이다. 마치 스스로의 목에 칼을 들이대는 것과 같다. 이와 관련해 실제로도 흥미로운 판례가 있다.

2007년 1월, 삿포로 고등법원은 회식 자리에서 상사를 비판한 직장인에게 회사가 내린 4단계 직급 강등 처분이 적법한지를 다루었다. 최종 선고된 판결은 '적법하다'였다. 판결 논리는 '직장인은 회식이나 술자리에서도 절도 있는 말과 행동이 요구된다'는 것이었다. 이 문제는 당시 신문이나 TV에서도 크게 다루어져 사회적 이슈가 되었다.

삿포로의 재판 결과를 예로 든 것은 판결의 시시비비를 다시 논하기 위함이 아니다. 이 판결이 있게 된 4단계 직급 강등 평가처럼, 어떻게 사용하는가에 따라 평가는 '흉기'가 되기도 한다는 것을 보여주기 위해서다.

4단계 직급 강등은 매우 엄중한 처벌이다. 평가자는 그 평가 결과를 통보만 하면 되지만 당사자에게는 단두대 이상의 흉기로 느껴졌을 것이다. 톱니바퀴같이 돌아가던 인생이 엉망이 되어버렸으니 말이다. 어떤 언론에서도 주목하지 않았지만, 4단계 직급 강등이라는 평가 결과는 급여 삭감뿐만 아니라 업무 내용이 바뀌고 타인의 곱지 않은 시선도 신경 쓰일 수밖에 없는, 당사자에게는 엄청난 충격이며 출근하는 것조차가 힘든 시련이었을 것이다.

이렇게 흉기 같은 평가를 받는 일은 거의 없겠지만 20년, 30년 장기간으로 생각해보면 또 달라진다. 입사 동기나 같은 연령대의 사람과 네 직급 정도 차이가 벌어져 있다고 생각해보자. 그 차이는 긴 시간에 거쳐 평가에 의해 조금씩 벌어진 것이다. 이러니 평가 하나하나가 인생을 결정한다고 해도 과장이 아니다.

평가는 우리의 인생을 좌지우지하는 핵심요소 중 하나다. 그런데도 많은 사람들이 평가의 메커니즘을 제대로 알려고 하거나 진지하게 생각하지 않는다. 만약 부당한 평가를 받았을 때 현실적으로 적절히 대처할 매뉴얼이 있다면 어떨까? 평가를 자신에게 유리하도록 반전시키며 삶을 슬기롭게 헤쳐 나갈 수 있을 것이다.

부당한 평가에는 두 가지 경우가 있다.

◆ 평가 그 자체가 정말 부당한 경우
◆ 정당한 평가라도 평가받는 쪽이 부당하다고 느끼는 경우

이 두 경우는 상황이 전혀 다르지만 해결 매뉴얼은 동일하다. 구체적인 해결법은 본문에서 상세히 다룰 것이다.

불만족스런 평가로 좌절감에 시달리는 사람, 새로운 동기부여가 필요한 사람, 또한 이런 부하 직원이나 후배를 돕고자 하는 사람, 평가가 어떻게 이루어지는지 그 메커니즘을 더 알고자 하는 사람, 이외 평가에 관심 있는 분에게 이 책이 조금이라도 도움이 된다면 내게는 최고의 기쁨이 될 것이다.

후지모토 아쓰시

제3장
'엉터리 평가'를 역으로 이용하는 승진의 기초 작업

제4장

평가 제도의 한계를 알면 승진의 길이 보인다

제5장

평가 불만에서 벗어나 업무 능력을 향상시켜라

제 1 장

평가 불만은
왜 생기는가?

"

평가는 사람을 성장시키는
'도구'도 되지만 때로는
상처를 주는 '흉기'도 된다.

"

01

회사는 평가 불만으로
소용돌이치고 있다

■ ■ ■

지난번 입사 시험은 3개월 전이다. 구직 희망자는 모두 서른여섯 명. 그 목록에서 가와시마 나쓰코의 이름을 발견한 가라키는 면접표 파일을 열었다. 면접관은 두 명. 동료인 사카타와 오오마에 차장이다. 사카타의 평가는 결코 나쁘지 않다. 그러나 결과는 채용 불가였다. 가라키는 아직 사무실에 남아 있던 사카타에게 물었다.

"가와시마 나쓰코, 총무부에서 계약직으로 일하고 있는 사람? 아, 기억하지. 난 괜찮다고 생각했거든. 하지만 차장님 생각은 이거지 뭐야."

사카타는 손가락을 교차시켜서 X자를 만든다.

"왜?"

"그러니까 나이나 뭐 그런 문제인 것 같아. 난 밀었는데 말이야. 그런데 그 사람은 왜?"

"아니, 아무것도 아니야."

작은 의문 하나가 그녀의 가슴으로 떨어졌다. 오늘 아침에 오오마에 차장은 분명 가와시마 나쓰코를 모른다고 했지 않은가! 마음을 가다듬고 가라키는 다시 한 번 그때의 합격자를 확인해보았다. 합격자의 성적은 가와시마 나쓰코와 별 차이가 없다. 사실 이런 경우 합격 여부는 면접관의 의견이 결정적이다. 즉 오오마에 차장의 호불호로 결정되었을 확률이 높다.

사람의 장래가 그런 애매모호한 기준으로 정해져 버린다는 것은 어이없는 이야기다. 하지만 그것이 현실인 것이다. 이것은 "두 배로 갚아주겠어!"라는 유행어를 낳은 나오키 상[01] 수상 작가 이케이도 준의 소설《은행 총무 특명》의 한 부분을 발췌한 것이다. 여기 등장하는 가와시마 나쓰코는 어떤 사건을 일으키는데 그 원인이 계약직에서 정규직으로 전환되기 위한 최종 면접에서 떨어져 채용되지 않은 것에 대한 불만을 표출

01　소설가 나오키 산주고(直木三十五)가 대중문학에 선구적인 업적을 올린 것을 기려 1935년 문학춘추에서 제정하였다. 상·하반기로 나누어 1월과 7월, 1년에 두 차례 대중문예의 신진작가 가운데서 우수한 소설·희곡 작품을 발표한 자를 가려서 수상한다.

당신은 회사의 평가에 만족하십니까?

하기 위함이었다. 발췌한 내용은 가라키라는 등장인물이 회사의 특명을 받아 조사하는 장면이다.

이 사례로 본문을 시작한 이유는 인생을 바꾸는 평가의 상징성을 절묘한 터치로 표현하고 있기 때문이다. 소설에서 오오마에 차장이 개인적인 감정으로 합격선에 있던 가와시마 나쓰코를 떨어뜨린 것이 폭로된다. 하지만 때는 이미 늦어 가와시마 나쓰코가 일으킨 사건 역시 되돌릴 수 없는 상황이다.

그러면 이런 일은 단지 소설에나 나오는 이야기일까?

결코 그렇지 않다. 어이없는 평가에 고통받고, 고민하고, 결국 마음의 병까지 얻는 사람이 얼마나 많은가! 사람은 평가자의 입장에 서면 종종 평가를 일종의 권력처럼 휘두른다. 누군가에게는 흉기가 될 근거 없는 냉혹한 평가도 서슴지 않는다.

소설 《은행 총무 특명》의 저자인 이케이도 준도 '사람의 장래가 그런 애매모호한 기준으로 정해져 버린다는 것은 어이없는 이야기다. 하지만 그것이 현실인 것이다'라고 썼으니 이것이야말로 어느 회사나 인사철이 가까워올수록 '평가 불만'으로 소용돌이 치고 있는 원인을 단적으로 표현한 것이 아니겠는가.

나 역시 샐러리맨 시절 평가 때문에 괴로운 경험을 한 적이 있다. 입사 3년차 시절, 영업 능력도 어느 정도 쌓였고 실적 면에서도 1,500여 명의 영업 사원 중 최고를 달렸으며 플레잉 매니저(감독 겸 선수라는 뜻으로 매니저 일을 하면서 현장도 뛰는 직원)로 맡고 있던 영업팀의 실적도 우수했다. 그때 아침부터 밤늦도록 매니지먼트 교육을 받는 회사의 매니저 합숙 연수에 참가했다. 커리큘럼 중에 당시 유행하기 시작한 360도 평가의 시간이 있었다.

매니저급 이상의 연수라 평직원은 없었지만 상위 직급자와 동급의 매니저 상호 간을 평가하는 형식이었는데 내 평균 평가 점수는 5점 만점에 2점 정도였다. 그 평가지를 본 순간 창자가 뒤틀리는 것 같았고 아직까지도 그 느낌을 잊을 수가 없다. 그때는 평정심을 유지하려고 애썼지만 그래도 대화하는 중에 언뜻언뜻 드러나는 초조함을 감출 수는 없었을 것이다. 그 평가가 적절했는지 아닌지는 제쳐두고라도 당시의 내게는 평가가 '흉기'로 느껴졌다. 나뿐만 아니라 많은 사람이 이런 경험을 한 번쯤은 해봤을 것이라 생각한다.

"더 지독한 경험도 했어!"라는 사람이나, "이것은 평가 제도라는 가면을 쓴 괴롭힘이야"라고 분노하는 사람도 있을 것이다. 또는 '이게 샐러리맨의 삶이지' 하며 마치 남의 일처럼 손을 놓고 달관해버린 사람도 있을지 모르겠다.

샐러리맨으로 살아가는 이상 '회사에서 평가받는' 것을 피할 수는 없다. 또 샐러리맨을 집어치우고 창업을 한다고 해도 이 사회에서 사는 이상 '누군가에게 평가받는' 것을 피할 수는 없다. 평가자만 달라질 뿐 평가는 계속된다.

당신은 회사의 평가에 만족하십니까?

샐러리맨이라면 승진이나 강등, 승급이나 보너스 시행 등이 상사의 평가대로 결정되는 경우가 많기 때문에 마치 상사가 생사 전권을 쥐고 있는 것과 같다고 할 수 있다. 더욱이 사람이 사람을 평가하는 데 있어 끝까지 공정성과 객관성을 유지한다는 것은 어려운 일이기에 상사의 호불호에 좌우되어 부당한 평가로 이어지는 것은 어찌 보면 당연한 결과다.

부당한 평가에 스트레스를 받으면서 일한다는 것은 샐러리맨에게는 어찌할 도리가 없는 필연적인 것인지도 모른다. 물론 부당한 평가를 받고 회사를 그만두는 선택을 할 수도 있다. 하지만 이직을 하더라도 어지간히 좋은 상사를 만나지 않는 한 다시 새 직장에서도 부당한 평가에 스트레스를 느끼게 될 뿐이다. 평가 불만은 이렇게 회사의 밑바닥에 계속 가라앉아 쌓인다.

좋은 평가는
최고의 역량을 이끌어낸다

평가는 사람에게 상처를 주는 흉기도 될 수 있다고 했으나 또 사람을 키우는 도구가 되기도 한다. 다시 내 경험담으로 돌아가 보면 나를 키운 것도 평가였다. 바로 사장으로부터의 평가였다.

나는 입사 후 2개월 정도가 지나 고객 방문 관련 영업 교육을 다 받고 영업팀에 배속되어 신규 서비스 영업에 매진하게 되었다. 실은 그 신규 서비스가 기존 서비스와 비교해볼 때 두려울 정도로 많은 수고와 시간을 들여야 해서 아무도 손을 대려고 하지 않았는데 내가 소속되어 있던 영업팀이 도전했던 것이다.

신규 서비스이기에 영업 방법도, 이에 따른 매뉴얼도 부족하여 밑바

닥부터 다져야 하는 상태였다. 아무런 영업 노하우도 없고 심지어 간단한 팸플릿조차 없었다. 가장 먼저 설명서를 만들면서 동시에 말로 일일이 설명하는 식의 초보적인 방법으로 일을 시작하였다.

젊고 혈기 왕성했던 나는 정말 열심히 일했다. 낮에는 신규 서비스에 관심을 보이는 거래처를 직접 방문해 프레젠테이션을 진행하고 사무실에 들어오면 거래처 프레젠테이션에서 들었던 말을 바탕으로 해당 거래처의 상황에 맞는 기획서를 만들었다. 매일같이 새벽 한두 시에 퇴근하는 일이 반복되었다. 회식이 있는 날이라면 회식을 마친 후 사무실로 다시 돌아와 기획서를 작성하기도 했다. 이런 노력 끝에 어느 거래처에도 사용 가능한 신규 서비스용 프레젠테이션 자료를 완성할 수 있었다. 막 입사 3개월이 지나려던 무렵이었다.

그 프레젠테이션 자료는 신규 서비스에 대한 지식이 없어도 이해하기 쉽고 일정 부분 거래처의 흥미를 끌기에 충분하다고 판단되어 내가 소속되어 있던 영업팀에서는 공유하여 사용하였다.

어느 날 사장이 갑자기 우리 사무실로 들어왔다. 그때 상사가 내가 작성한 신규 서비스의 프레젠테이션 자료를 사장에게 보이며 설명했다. 지금도 당시 상황이 뚜렷이 기억난다.

"이것은 여기 있는 후지모토가 작성한 프레젠테이션 자료입니다. 제대로 만들어져서 모두 잘 사용하고 있습니다."

잠시 프레젠테이션 자료 내용을 검토하던 사장이 말했다.

"이 자료는 다른 사원들에게도 유용하겠어. 전국의 영업장에서 사용할 수 있도록 해야겠군."

사장은 그렇게 말한 뒤 자료를 가지고 돌아갔고 그로부터 며칠 후 내가 만든 자료는 전국으로 배포됐다.

내가 작성한 프레젠테이션 자료가 '평가'된 순간이었다. 입사한 지 몇 개월밖에 되지 않은 신입 사원이 당시 사원 5,000명이 넘는 큰 기업의 톱으로부터 갑작스레 좋은 평가를 받은 것이다. 기쁘지 않을 수가 없었다. 나는 그 평가에 보답하기 위해 더욱 열심히 일했다. 미친 듯이 일만 했고 그 결과 입사 6개월 만에 전체 약 1,500명의 영업 사원 중 최상위 성적을 거두었다.

이것이야말로 틀림없이 평가가 사람의 능력을 끌어올린 좋은 예일 것이다. 좋은 평가를 받은, 전국의 영업 사원이 사용하는 프레젠테이션 자료를 작성한 사람이 판매 실적이 좋지 않으면 부끄러울 수 있다는 생각이 나를 미친 듯이 달리게 한 것이다.

파나소닉의 창업자인 마쓰시타 고노스케 松下幸之助의 명언 중에 "바위 위에서도 3년이라고 한다. 하지만 3년을 1년에 습득하려는 노력을 게을리 해서는 안 된다"라는 말이 있는데 틀림없이 사장의 평가는 나에게 수년 분의 성장을 수개월에 달성하게 한 에너지가 되었다.

여기서 우리가 생각해야 할 것은 공식적인 인사 평가만 평가가 아니라는 점이다. 아무렇지도 않은 한마디, 예를 들면 단순한 칭찬이나 지적

또한 듣는 사람에게는 평가로 느껴질 수 있다. '칭찬'은 긍정적인 평가의 표현이다. 반대로 '꾸짖음'은 아무리 사소한 것이라도 부정적인 평가를 받았다는 생각이 들 수밖에 없다. 상하관계에 두터운 신뢰가 있다면 모르지만 꾸짖음은 부정적으로 작용하여 의욕 상실을 초래할 뿐이다.

지금은 '칭찬 매니지먼트'가 권장되는 시대이지만 나는 '심각하지 않은 한마디의 지적' 역시 중요하다고 생각한다. 단 그 '칭찬'과 '지적'을 관리의 관점을 가지고 적절히 표현해야 한다. 하지만 대부분은 감정적으로 행해지는 것이 애석할 따름이다. 악의는 없지만 기분대로 내뱉은 마음에도 없는 한마디가 듣는 사람에게는 가슴을 찌르는 흉기가 되어 의욕을 꺾을 수도 있음을 잊어서는 안 된다.

사다 마사시가 쓴 소설《그때의 생명》에 공감이 가는 구절이 있다. 고등학교 동창생인 주인공 나가시마 쿄헤이와 구보타 유키코는 재학 중 마음을 크게 다친 사건으로 자기동일성 장애[02]를 겪고 학교를 중퇴한다. 이후 사회인이 되어 우연히 재회한 둘이 옛 시절을 떠올리는 장면이다.

■ ■ ■

"나 있지, 그때 스스로 '미칠지도 몰라'라고 생각했어. 그래서 견디지 못하고 정신과로 달려가서 모든 것을 깡그리 털어놓았지. 그때 담당 의

---

[02] 일반적으로 어떤 것이 시간이나 장소 등의 여러 변화에도 불구하고 변하지 않고 존재하고 있어 적응에 어려움을 가지는 현상을 말한다.

사가 정말 부드러운 표정으로 이렇게 말했어. '구보타 씨, 자신이 이상
하지는 않은가 하고 생각하는 사람일수록 의외로 이상하지 않은 경우
가 많답니다. 정말 망가지면 자신이 망가진 것을 깨닫지 못해요. 구보
타 씨가 나에게 말한 내용에서 광기적인 파탄은 찾을 수 없어요. 그것
은 마음의 갈등일 뿐이에요. 철학적인 문제입니다. 당신의 마음은 괴로
워하고 있지만 결코 이상한 것은 아닙니다'라고 말해주었어."

"좋은 선생님이구나."

세상은 정말 불가사의하다. '그때' 어떤 말을 듣는지에 따라 인생이 크
게 바뀌어버리는 경우가 있다.

"응, 정말 그렇다고 생각해. 만약 그 선생님이 노이로제라며 약을 주고
입원 치료를 권했다면 나는 정말 미쳐버렸을지도 몰라."

"그랬을지도 모르지."

나는 이 부분을 몇 번이고 읽었는데 '그때 어떤 말을 듣는지에 따라 인
생이 크게 바뀌어버리는 경우가 있다'라는 한 문장이 마음속에 오래 남
았다.

부하나 주위 사람이 열심히 할 수 있도록 '아무렇지도 않은 한마디'까지 신경
쓸 줄 아는 사람이 는다면 평가 불만으로 괴로워하는 사람 또한 상당히 줄지 않을
까?

평가 불만은
왜 생길까?

평가 불만이 생기는 원인은 단순하지 않으며 복잡하다. 높은 평가를 받았음에도 불만을 갖는 사람도 있다. 평가 불만이 생기는 원인은 평가의 높고 낮음이 아닌 자기 평가와 타자 평가의 차이 때문이다. 바꾸어 말하면 '평가가 높은가 낮은가'가 아니라 '타자 평가가 자기 평가보다 높은가 낮은가'가 중요하다.

5점 만점에서 스스로 4.5점이라고 생각하는 사람이 3.8점의 평가를 받으면 불만이 생긴다. 반대로 같은 3.8점 평가라도 자기 평가가 3.2점이라면 기쁠 것이다. 극단적으로 말하면 자기 평가가 5.0점인 사람은 타자 평가가 5.0점 이하라면 평가 불만이 생길 수밖에 없다.

더욱 복잡한 것은 인사 평가의 점수만이 문제가 아니라는 점이다. 타인과의 상대 순위에서도 불만이 생길 수 있다. 인사 평가에서 몇 점을 받든 다른 사람과 비교하여 '왜 저 사람보다 평가가 낮은가 또는 왜 같은가, 왜 이 정도밖에 차이가 안나는가' 등의 불만이 생긴다. 또한 앞에서 설명한 '아무렇지도 않은 한마디'도 불만의 원인이 된다.

단 원인이 이렇게 복잡해도 그 안에는 공통점이 있다. 바로 주관적인 자기 평가와 타자 평가가 다를 때 상처를 받고 불만이 생긴다는 점이다.

대부분의 사람은 본인이 가진 능력보다 스스로를 높이 평가하는 경향이 있기 때문에 자기 평가가 타자 평가보다 늘 높을 수밖에 없다. 정확히 평가하면 2.5점 정도를 줄 수 있는 업무 능력을 가졌음에도 자기 평가는 그 이상이라고 생각하거나 집중력이 부족하여 업무 속도가 늦는 것을 오랜 시간 일했으니 자신은 타인의 배로 노력하고 있다고 믿을 수 있다.

이러한 경향은 특정 사람에게게만 국한되는 것이 아닌 사람의 습성이라는 것이 사회심리학이나 인지심리학의 연구로 밝혀졌다. 이를 '보통 이상 효과', 다른 말로 '평균 이상 효과better-than-average effect'라고 한다.

자기 평가와 타자 평가의 상관관계는 옆 쪽의 도표를 보면 쉽게 이해할 수 있다. 자기 평가는 평균 이상으로 판단해버리는 경향이 있으므로 자기 평가와 타자 평가의 상관관계는 자기 평가가 높은 부분이 넓어지고 그것과 반비례하여 타자 평가가 낮은 부분이 넓어진다. 그로 인해 B 존에 속하는 사람이 늘어난다.

■ 자기 평가와 타자 평가의 상관관계

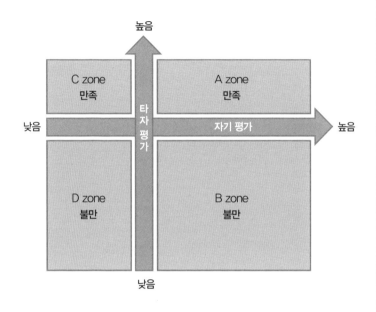

note

- 평가에 대한 감정은 '자기 평가(가로축)'와 '타자 평가(세로축)'의 조합으로 결정된다.
- 일반적으로 자기 평가는 높아지기 쉽고, 타자 평가는 낮아지기 쉽다.
- 그 차이로 평가 불만이 생긴다.

A존에서 D존까지의 분류는 대략적으로 다음과 같이 분석할 수 있다.

A zone

자기 평가와 타자 평가의 쌍방에서 평가가 높으므로 자타가 공인하는 엘리트 의식이 생겨 평가 자체에 만족감이 높다. 사람에 따라서는 '아직 자신에게는 성장할 여지가 남아 있다'는 생각을 가지고 '여기에 만족해서는 안 된다'고 겸허하게 판단하기도 하지만 어찌되었든 평가 불만은 상대적으로 적다.

B zone

많은 사람이 B존에 속한다. 자기 평가에 비해 타자 평가가 현저히 낮게 느껴지기에 '이렇게 노력하고 있는데도 왜 주위에서는 알아주지 않는가' 하는 평가 불만이 생기고 동시에 평가자를 불신한다.

C zone

자기 평가보다 타자 평가가 상당히 높은 경우, '자신은 없지만 타인으로부터는 좋은 평가를 받고 있다'는 사실에 안도감이 생겨 일반적으로 평가에 만족감을 가진다. 여기에 속한 사람들은 우수한 타자 평가에도 우쭐하지 않고 항상 스스로를 연마해나가는 부류가 많다. 드물지만 낮은 자기 평가와 높은 타자 평가의 격차에 당황하며 선천적으

당신은 회사의 평가에 만족하십니까?

로 낮은 자신감으로 인해 불안을 느끼는 사람도 있다.

D zone

자기 평가도 낮고 타자 평가까지 낮다는 사실에 '역시나' 하고 낙담해 버리기 쉬운 부류가 여기에 속한다. 자존감이 낮은 사람이 자기 평가를 낮게 채점하기 마련이지만 기본적으로 겸허하게 자기를 평가하는 사람이 대부분이다. 따라서 '사실은 좀 더 높은 자기 평가를 해도 되지만 겸허하게 이 정도만 해두자'라는 기분으로 낮게 채점했더니 타자 평가도 정말 낮았다고 하는 사실에 낙담하게 된다.

'보통 이상 효과'는 사람의 심리를 잘 꿰뚫고 있다고 생각한다. 나도 25년 이상 사회생활을 하면서 수많은 사람을 만나본 결과 자기 평가에 너그러운 이들이 생각 이상으로 많음을 실감했다. 다들 이 생각에 공감할 것이라고 여긴다. '보통 이상 효과'의 연구 결과가 그것을 입증한다.

평가 불만이 생기는
또 다른 이유

■ 평가자는 과거에서 현재까지의 실적만을 평가한다

당신에게 세 명의 부하가 있다고 가정해보자. 시바타 가쓰이에(33세), 아케치 미쓰히데(27세), 도요토미 히데요시(18세)로 앞으로 얼마든지 밝은 미래를 개척해나갈 수 있는 젊은이들이다. 당신은 상사로서 과연 그들의 직무 능력을 정당하게 평가할 수 있을까?

"자신 있다"는 사람도 있을 것이다. 하지만 그것은 역사 속 인물인 그들의 미래를 이미 알고 있기 때문이 아닐까.

아케치 미쓰히데明智光秀는 주군인 오다 노부나가織田信長를 배신하여 모반에 성공했지만 결국 도요토미 히데요시豊臣秀吉에게 패한다. 시바타 가쓰이에柴田勝家는 오다 집안의 상속싸움에서 도요토미 히데요시에게 패하게 된다. 이후 도요토미 히데요시는 오다 집안의 가신을 능숙하게 통솔하여 천하를 손에 넣었다. 이러한 역사적 사실을 염두에 두었기 때문에 어렵지 않게 그들을 평가할 수 있는 것이다.

하지만 당대의 한 시점에서 평가를 한다면 어떨까? 이들의 미래를 모르는 상황이라면 평가가 어렵지 않겠는가!

예를 들어 충성심이라는 평가 항목이 있다고 한다면 현대인은 주군을 배신한 아케치 미쓰히데를 가장 낮게 평가하겠지만 당대 사람들은 대부분 그를 높게 평가했다. 실제로 모반을 일으키기까지는 오다 노부나가의 명령을 충실히 실행했기 때문이다. 그렇기에 출세도 할 수 있었다.

이번에는 실행력이라는 항목으로 평가를 해보자. 우리는 당연히 도요토미 히데요시에게 가장 높은 점수를 줄 것이다. 하지만 당대 사람이 도요토미 히데요시에게 가장 낮은 점수를 주고 시바타 가쓰이에에게 높은 점수를 줬다고 하더라도 누가 그것을 책망할 수 있겠는가! 당시 열여덟 살이었던 도요토미 히데요시에게는 '아직 어린애가 뭘'이라는 생각이 일반적인 평가였을 것이다.

이렇게 미래를 알 수 없다는 것은 평가 불만의 또 한 가지 원인으로 작용한다. 평가자 입장에서 봤을 때 평가는 어디까지나 '과거에서 현재까지'의 실적만을 대상으로 하나 자기 평가는 그렇지 않다. 자기 평가에서는 스스로의 장래성도 포함시키기 마련이다. 평가 항목과는 상관없이

'앞으로의 실적이 이 정도가 될 것이므로 지금의 노력도 높게 평가해도 되지 않나' 하는 생각으로 대다수 평가 항목에서 후한 점수를 준다. 말하자면 미리 가산점을 주는 것과 같다.

하지만 평가자는 평가 대상자의 장래를 평가할 수는 없다. 가능성을 염두에 둔 '미리 주는 가산점'이라는 개념 자체가 불가능하다. 따라서 타자 평가와 자기 평가 사이에는 차이가 있을 수밖에 없다. 그러니 불만이 생기는 것이다.

사람은 누구나 자신의 미래를 긍정적으로 생각한다. 현재보다 발전할 거라 믿는다. 그 결과 미래의 평가를 더한 자기 평가가 높아진다. 또한 그렇게 믿기에 '지금' 노력할 수 있는 것이다. 이것이 제3자의 평가와 자기 평가에 격차가 생겨버리는 또 하나의 원인이다. '보통 이상 효과'로 표현해보자면 '미래 평가 선행 효과'라고 할 수 있다.

■ 한 번의 부정적인 평가는 모든 긍정적인 평가를 없애버린다

평가는 사람을 성장시키기도 하지만 방해하는 경우도 있다. 플러스가 되는 긍정적인 평가도 있지만 마이너스가 되는 부정적인 평가도 있는 것이다. 게다가 긍정적인 평가와 부정적인 평가의 무게는 균등하지 않다. 그것은 긍정적인 평가를 몇 번이나 받아도 한 번의 부정적인 평가가 모든 긍정적인 평가를 상쇄해버린다는 불공평이다.

"一行有失 百行俱傾 일행유실 백행구경"

당신은 회사의 평가에 만족하십니까?

《명심보감》〈정기편〉에 나오는 이 말은 한 번 실수를 하면 모든 일이 함께 기운다는 뜻이다.

직장에서는 한 번의 부정적인 평가로 지금까지 쌓아올린 공적이 같이 무너져내리는 일이 자주 발생한다. 그 후 교묘하게 냉대를 받고 좌천을 당해 어느새 구조조정 대상이 되기도 한다. 물론 심각한 문제를 일으켜 단번에 회복 불가능이 되는 경우도 있지만 대부분은 평가 불만이 가져오는 악순환을 극복하지 못해 이런 결과가 초래된다.

일단 부정적인 평가를 받으면 '악순환'이 시작된다. 한 번의 부정적인 평가를 너무 의식한 나머지 조그만 실수에도 전전긍긍하게 되고, 이런 상황은 또 다른 부정적인 평가를 끌어들인다. 즉 그보다 많은 긍정적인 평가가 있었음에도 부정적인 평가 하나를 너무 크게 생각하여 스스로를 속박하는 것이다.

정치가나 경영자의 실각도 늘 국민이나 사원을 위해 최선을 다했다 하더라도 하나의 작은 틈에서부터 비롯된다. 대다수 샐러리맨도 마찬가지일 것이다. 정치가나 경영자와 다른 점이 하나 있다면 사회의 뉴스거리가 되지 않으므로 공적인 사건으로 불거지지 않는다는 것뿐이다.

한번 상부로부터 나쁜 평가를 받으면 과거의 공헌조차 의미 없어지기 십상이다.

그만큼 평가는 플러스보다도 마이너스가 위험하다. 뿐만 아니라 일단 마이너스 평가를 받으면 '악순환'이 시작한다. 즉 작은 실수로 '저 녀석은 별로 도움이 안 된다니까'라고 여겨지면 나중에는 조그만 실수에도 "역시 저 녀석은…"이란 말을 듣게 된다. 정신을 차리고 보면 마이너스 평가에 푹 빠져 있는 자신을 발견하는 경우도 자주 있다.

《이솝우화집》에 〈선과 악〉이라는 우화가 있는데 다음은 그 내용을 정리한 것이다(선과 악이 의인화되어 있다).

■　■　■

선은 힘이 없기에 악에게 쫓겨 하늘로 올라가 제우스(그리스 신화에서 전지전능한 신들의 우두머리)에게 보호를 요청하며 인간이 있는 곳에 머무르려면 어떻게 해야 하는지 물었다. 제우스는 선의 요청을 들어주며 다음과 같이 말했다.

"떼를 지어 인간을 찾아가면 적개심이 강한 악이 눈치 챌 수 있으니 단신으로 눈에 띄지 않게 드문드문 간격을 두고 예상치 못한 시간을 골라 인간들 속으로 들어가라!"

그렇기 때문에 악은 인간의 가까이에서 끊임없이 덮쳐오지만 선은 우리가 알지 못하는 시간에 몰래몰래 다가오는 것이다.

평가 불만에 빠져버린 사람들의 마음도 이와 같다. 마치 주위에 온통 악만 존재하는 것 같고 선은 전혀 보이지 않는다. 그러나 선은 우리가 깨닫지 못하는 사이에 우리를 찾아온다. 선을 보는 눈을 키우는 게 중요

　　　　　　　　　　　　　　당신은 회사의 평가에 만족하십니까?

하다.

1장에서는 회사 안에 팽배한 평가 불만의 실태와 그 원인을 살펴보았다. '나뿐만 아니라 평가 불만을 가진 사람이 이렇게 많구나' 하고 안심한 사람도 있겠지만, 그런 안도감만으로는 아무것도 해결할 수 없다. 평가 스트레스로 고민하는 많은 사람이 평정심을 되찾고 진짜 문제점과 맞서려면 먼저 다음의 네 가지 과제를 파악해야 한다.

- 엉터리 평가 실태 분석과 그 대응 방법
- 지나치게 관대한 자기 평가 개선
- 평가 상승을 위한 구체적인 대책
- 평가 스트레스를 줄이는 방법

다음 장에서는 평가 불만이 가득한 사람에게 있어 적이라고 할 수 있는 '엉터리 평가'의 실상부터 파악해보자.

제 2 장

분명히
말하지만
평가는 어차피
'엉터리'다

"

명심하자,
당신에 대한 회사의 평가와
당신의 인간적인 가치는
동일하지 않다.

"

평가는 어차피 '엉터리'
완전한 객관성은 존재하지 않는다

나는 이 책을 준비하면서 꽤 많은 책을 참고도서로 활용했다. 그중에 일본 산업능률대학 주간 연구원인 가나즈 겐지의 《인사고과의 실제》에 쓰여 있는 '평가는 측정이 아니라 판정이다'라는 말에 시선이 멈추었다. 그 내용은 다음과 같다.

인사 평가는 어떤 한 척도로 사물을 측정하는 것과는 다르다. 야구의 주자와 수비수가 순간적으로 교차하는 크로스플레이에서 아웃인가 세이프인가를 심판이 망설이면서 결단하는 것과 마찬가지로 일종의 판정인 것이다. 판정은 어느 쪽으로도 해석되며, 늘 실수가 따르게 마련이다.

프로 야구를 TV로 한 번도 시청하지 않은 사람이라면 모르겠지만 대다수 사람들은 이 사례를 통해 측정과 판정이 어떤 의미인지 쉽게 이해했을 것이다. 그래도 혹시 모르니 해설을 덧붙여보겠다.

야구에서 투수가 공을 던지면 타자는 그 공을 받아 치고 재빨리 1루로 달리기 시작한다. 자, 다음은 1루수가 땅볼로 다가온 공을 잡고 타자를 1루에서 재빨리 터치하면 된다. 그런데 동시동작처럼 터치와 타자의 1루 진입이 거의 동시에 이루어졌다면 어떻게 해야 하는가?

이렇게 아웃인지 세이프인지 판정하기 어려운 상황이 생기면 TV 중계에서는 그 장면을 느린 화면으로 반복해서 보여준다. 그런데 애매한 상황일수록 같은 장면을 여러 번 보아도 자신이 응원하는 팀에게 유리하게 판단하게 된다.

예를 들어 요미우리 자이언츠와 한신 타이거즈의 야구 경기에서 아주 미묘한 상황이 벌어져 판정이 애매하다면 같은 장면을 봐도 자이언츠 팬이냐 타이거즈 팬이냐에 따라 판정이 달라진다.

영상은 하나이지만 판정은 두 가지로 나뉘게 되는 것이다. 심판은 일반인보다는 편파적인 눈으로 판정하지 않도록 훈련되어 있지만 그들도 인간인지라 때때로 실수를 하기도 한다.

평가도 이와 동일하다. 사람이 사람을 평가하는 것이므로 아무래도 실수가 생긴다. 더욱이 전문적인 평가자 교육을 받을 기회가 적은 회사에 근무하는 평가자의 경우 호불호에 따라 자신에게 가까운 존재인가 먼 사람인가라는 편파적인 눈으로 평가해버리는 것을 피할 수 없다.

사람이 사람을 평가하는 이상 완전한 객관성이나 중립성 따위는 존재하지 않는 것이다.

평가 불만에 빠지는 사람에게 알려주고 싶은 첫 번째 사실이 바로 평가라는 것은 엉터리일 수밖에 없다는 실태다.

인사 평가에 흔히 있는
여섯 가지 '엉터리'

평가는 측정이 아니라 판정이므로 에러가 따르게 마련이다. 그래서 평가 오류의 원인과 이를 개선할 수 있는 방안에 대한 많은 연구가 있었다. 많은 연구를 통해 정리된 평가 에러의 경향을 살펴보면 평가자들이 왜 잘못된 평가를 하고 있는지를 알 수 있고 그에 따른 대책 방안도 마련할 수 있을 것이다.

일본능률협회의 컨설턴트인 다카하라 노부야스의 《인사 평가의 교과서》에는 아홉 가지 평가 에러 경향이 소개되어 있다. 평가 에러란 평가자가 인사 평가를 할 때 주관적인 사고방식과 습관(옆 쪽 표 참고)에 의한 판단, 평가, 기술 부족 등으로 잘못된 평가를 내리는 것을 말한다. 여기에는

인사 평가의 에러 경향

에러 유형	내용
1 헤일로 효과	어떤 대상을 평가할 때 그 대상에게서 받은 부분적인 인상이 다른 모든 요소를 평가하는 데 영향을 미쳐 객관적인 평가를 어렵게 만드는 오류, 후광효과라고도 한다
2 이미지 평가	'예전부터 일을 못해…'라는 막연한 이미지로 지금의 상황까지 평가하는 오류
3 관대화 경향	느슨한 평가로 평가의 결과가 높은 쪽으로 집중되는 오류
4 중심화 경향	무난한 표준 평가(보통의 평가)에 집중하는 오류(차이를 두지 못함)
5 엄격화 경향	엄격한 평가로 평가의 결과가 낮은 쪽으로 집중되는 오류
6 극단화 경향	조금 좋은 부분에 극단적으로 좋은 평가를, 조금 나쁜 부분에 극단적으로 나쁜 평가를 주는 오류
7 논리적 오류	자기 계발을 열심히 하는 것과 업무상 필요한 지식이 높은 것은 별개이나 관련지어 고유의 사실을 보지 않고 평가하는 오류(개인이 가진 두 가지 이상의 행동 특성을 서로 관련이 깊은 것으로 생각하고 그중 하나의 특성만을 보고 다른 특성까지도 유사한 성질의 것으로 평가함으로써 빚어지는 오류)
8 대비 오차	평가 기준이 아닌 자신과 특정 동료를 비교하여 평가하는 오류
9 메이킹 경향	미리 평가 결과를 정하여 그 결과에 맞추려고 역산 평가하는 오류

출처: 《인사 평가의 교과서》

과소 평가, 과대 평가도 포함된다. 다카하라 노부야스는 헤일로 효과, 이미지 평가, 관대화 경향, 중심화 경향, 엄격화 경향, 극단화 경향, 논리적 오류, 대비 오차, 메이킹 경향의 아홉 가지로 구분했다.

이 구분표가 알기 쉬워 대표적 사례로 인용했으나 연구자(또는 서적)에 따라서 평가 에러의 항목 수, 내용, 이름에는 다소 차이가 있다.

이 표에 기초하여 내가 예전부터 비즈니스를 하면서 피부로 느끼고 있던 평가 에러를 ① 인상 평가(이미지 평가), ② 2-4 법칙, ③ 역산 평가(메이킹 경향), ④ 예외 과장 평가(헤일로 효과), ⑤ 논리적 오류, ⑥ 대비 오차의 여섯 가지로 재분류했다.

이 여섯 가지 평가 에러의 실태를 아는 것만으로도 '내가 지금까지 괴로워해왔던 스트레스가 이런 것들 때문이란 말인가' 하고 자신도 모르게 말하게 된다.

다음 섹션에서 아래 여섯 가지 평가 에러를 자세히 살펴볼 것이다.

① 인상 평가(이미지 평가)

② 2-4 법칙

③ 역산 평가(메이킹 경향)

④ 예외 과장 평가(헤일로 효과)

⑤ 논리적 오류

⑥ 대비 오차

당신은 회사의 평가에 만족하십니까?

평가 에러① 인상 평가

사실을 무시하고 인상으로 평가

잘못된 평가를 하는 첫 번째 원인이 바로 이 인상 평가다. 평가는 측정 가능한 사실 자료를 축적하여 이를 통해 객관적으로 판단하는 게 중요하다. 그러나 자료를 무시하고 인상 하나로 판단하는 경향이 있는데 이것이 인상 평가 에러다. 내 경험을 예를 들어 설명해보겠다.

샐러리맨 시절 말수가 적고 얌전한 인상의 동기가 있었다. 그다지 자신을 적극적으로 표현하고 주장하는 스타일은 아니었지만 타고난 끈기와 성실함으로 고객들로부터 신뢰를 받았고 영업 실적도 우수했다. 그러나 그의 상사는 '회의에서 목소리가 작다', '늘 패기가 없다'라는 이유로 그를 몹시 싫어했다.

'○○은 1년 동안 주간 회의에 5회 결석했다'는 것은 사실 측정이 되므로 회의 출석이 중요한 평가 요인이라면 그 기준에 맞게 평가를 내릴 수 있다. 하지만 '○○은 주간 회의에서 목소리가 작다', '○○은 주간 회의에서 늘 패기가 없다'라는 것은 인상으로 사실 평가의 근거가 될 수 없다. 그런데도 이를 평가에 반영하는 것을 인상 평가라고 한다.

대부분의 평가자는 평가자 훈련을 받지 않는다. 따라서 '○○은 주간 회의에서 목소리가 작아 패기가 없다고 생각되므로 ○○ 항목과 ○○ 항목에서 낮은 평가를 해도 불만이 없겠지'라는 식으로 판정해버리는 것이 평가 에러라는 것을 깨닫지도 못한다. 아쉽지만 이것이 평가 현장의 실태다.

그러므로 '이런 엉터리 평가에 휘둘려서 스트레스를 느끼는 것은 정말 어이없는 일이다'라고 생각해보길 권한다.

분명 평가 에러는 개인에게 큰 불만이 되지만 '상사가 목소리로만 나를 평가하고 사실을 제대로 보지 않았군' 하고 상사의 특성을 파악하는 것만으로도 나쁜 평가의 악순환에서 벗어날 수 있다.

평가 에러② 2-4 법칙

마음에 드는 부하에게는 4점을, 그렇지 않은 부하에게는 2점을

인상 평가와 같은 정도로 바보 같은 평가 에러가 이 '2-4 법칙'이다. 내가 독자적으로 분류한 엉터리 평가의 하나로 다카하라 노부야스의 표 분류에서는 극단화 경향과 의미가 가까우며 관대화 경향, 중심화 경향, 엄격화 경향도 포함하고 있다고 이해하면 된다.

평가는 보통 5단계 평가나 10단계 평가 등, 단계별 채점을 하는 경우가 많은데 여기서는 5단계 평가로 설명하겠다.

2-4 법칙이라는 것은 마음에 드는 사람의 채점은 4를 중심으로 생각하고 그다지 높게 평가하고 싶지 않은 사람의 채점은 2를 중심으로 하는 평가 방법이다. 덧붙여 말하면 그 어느 쪽에도 속하지 않는 사람에 대하여는 3이 중심이 된다. **편**

애 정도에 맞추어 4가 중심인가 2가 중심인가를 결정하고 채점하므로 '2-4 법칙'이라 하는 것이다. 순간적으로 "어이가 없군!"이라고 생각한 사람은 공정한 것이다. 하지만 현실에서는 자신도 모르게 2-4 법칙대로 판단하는 사람이 많다.

호시나 마사유키 保科正之 라는 유명한 장군이 있었다. 그는 에도 막부 시대 3대 쇼군 도쿠가와 이에미쓰 德川家光의 배다른 동생으로 아이즈 마쓰다이라 집안의 시조이기도 하다. 아이즈 가문은 막부 말기 마지막까지 도쿠가와 집안에 충성을 다한 것으로 유명한데 그 이유는 호시나 마사유키가 정한 '아이즈번 가훈'에서 찾아볼 수 있다. 거기에는 다음과 같이 쓰여 있다.

우리 집안은 도쿠가와 장군 집안에게 한마음으로 충의를 다해야 하며, 더욱 다른 집안과 같은 정도의 충의로 만족해서는 안 된다. 만약 도쿠가와 장군 집안을 거역하는 자가 아이즈 가문에 나타난다면 그러한 자는 나의 자손이 아니므로 결코 따라서는 아니 된다.

또 다음과 같은 말도 적혀 있다고 한다.

어떠한 일에도 편애가 있어서는 안 된다.

당신은 회사의 평가에 만족하십니까?

이 말은 아이즈 가문도 가훈에 남겨야 할 정도로 편애가 심했다는 것을 보여준다. 편애가 있으면 가문의 다스림에 무리가 생기고 조직이 제대로 잘 돌아가지 않는다는 것을 강하게 의식하고 있었다.

편애란 어느 한 사람이나 한쪽을 치우치게 사랑한다는 뜻이다. 사람은 감정의 동물이기에 어쩔 수 없이 호불호가 생긴다. 특히 회사라는 불특정 다수의 사람으로 구성된 조직에서는 같이하고 싶은 사람, 같이하기 싫은 사람을 명확하게 구분해도 이상할 것이 없다. 그 감정을 컨트롤할 수 있다면 거기에 편애가 들어갈 여지는 없을지도 모르나 '목표를 위해 노력을 해야 한다면 같은 감각을 가진 사람, 커뮤니케이션하기 좋은 사람, 마음에 드는 사람과 함께 일하고 싶다'는 감정이 생기는 것은 자연스러운 일이다. 그 결과 '평가는 여러 가지'가 되어버리는 것이다.

그런데 현실에서는 단순히 편한 사람이라는 게 아닌 더 치졸한 편애가 난무한다. 예를 들어 술자리를 함께하는 횟수, 자신에 대한 복종도, 자진해서 업무를 대신해주는 쓸모 있는 부하, 출신 학교나 출신지가 같은지 등의 소소한 이유로 편애를 한다.

2-4 법칙은 편애 이외의 이유로도 생길 수 있다. 그것은 평가받는 사람과는 상관없이 평가자의 성격이 영향을 주는 경우다.

'사기 진작을 위하여 좋은 점수를 주자', '팀이 하나로 뭉쳐 일하는데 부하의 평가에 차이를 두면 기가 죽게 된다, 모두 열심히 하고 있다'와 같이 관대한 성격의 평가자는 아무래도 4를 중심으로 평가하려는 경향이 있다(관대화 경향).

반대로 '아직 부족한 부하에게 좋은 점수를 주면 응석을 부리게 돼', '저 녀석은 그게 나빠, 이 녀석은 저게 나빠'라는 식으로 항상 엄격한 잣대를 들이대는 평가자는 아무래도 2를 중심으로 평가하는 경향이 있다(엄격화 경향).

그 중간도 마찬가지다(중심화 경향).

단 성격이 평가에 깊은 영향을 주는 경우 2-4 법칙은 평가자의 채점이 모두 관대화 경향인지 엄격화 경향인지를 점검하면 판명되므로 평가받는 사람 입장에서는 이해하기가 쉽다. 그렇다고 해도 평가자에게는 악의가 없지만 결과적으로 평가 에러 그대로가 정식 인사 평가가 되어 급여와 직급이 결정되므로 평가받는 사람의 입장에서는 문제가 크다고 말할 수밖에 없다.

이러한 거짓말과 같은 사실이야말로 평가 불만 사회를 낳는 원인인 것이다.

당신은 회사의 평가에 만족하십니까?

평가 에러③ 역산 평가

미리 상정한 '순위'에 맞춰 평가 조정

아무리 잘 짜인 인사 평가 제도를 갖추고 있더라고 이미 평가의 결과를 정해놓고 채점한다면(역산 평가) 평가 제도 자체가 유명무실해지는데 예상보다 많은 평가자가 이런 오류를 범하고 있다.

역산 평가를 사례로 설명하면 다음과 같다.

다섯 명의 부하 직원이 있다고 가정해보자. 대부분의 관리자는 인사 평가 기준과 관계없이 전체적인 이미지로 다섯 명의 순위를 마음속에 이미 정해놓고 있다. 이것을 총론 평가라 부른다.

그러나 평가 항목을 하나씩 주의 깊게 채점(각론 평가)하다 보면 총합계가 평가자가 생각했던 순위와 다른 경우가 생긴다. 이럴 때 평가자는 총론 평가와 순위가 같아지도록 작위적으로 각론 평가의 채점을 다시 하는 경우가 있다.

'B가 일등이어야 하니까 여기와 여기에 점수를 더 주자', 'C는 꼴등이야. 여기와 여기 점수를 빼버려야지' 하는 식이다. 미리 순위를 정한 것 자체가 앞서 설명한 편애에 해당한다고 생각할 수도 있으나 이는 단순한 편애와는 크게 다르다. 편애는 업무 능력과 상관없이 자신의 호불호로 평가를 조작하는 것이지만 역산 평가는 평가자가 내린 총론 평가가 정당하다는 생각을 바탕으로 각론 평가를 조정하여 총론 평가와 일치시키는 것이다.

즉 역산 평가에서는 평가자의 직관적인 총론 평가가 각론 평가의 합산 결과보다 옳다는 생각이 먼저임을 알 수 있다.

예를 들어 신규 프로젝트를 위해 프로젝트 팀을 꾸리려고 할 때 여러 명의 후보자가 있다고 하자. 팀장은 이미 자신이 갖고 있는 총론 평가로 누구를 고를지 어느 정도 정해둔 상태다(여기에는 의도적인 편파나 편애는 없다).

이런 상태에서 선택의 이유, 정당성을 담보하기 위해 다른 후보자와의 차이를 만들어버리는 역산 평가를 하게 되는 것이다.

평가자 입장에서는 매우 인간적이라 할 수 있겠지만 총론 평가가 낮게 정해진 평가받는 쪽의 입장에서는 평가 항목 하나하나를 개선하려 아무리 노력해도 결과가 바뀌는 것이 아니므로 허무해질 수밖에 없다.

당신은 회사의 평가에 만족하십니까?

이런 내용을 당사자가 알게 된다면 엄청난 평가 불만에 휩싸일 것이다.

역산 평가는 다카하라 노부야스의 평가 에러 중 마지막 아홉 번째인 메이킹 경향에 해당한다.

평가 에러④ 예외 과장 평가

한두 번의 일시적인 눈에 띄는 움직임이 평가 전체에 영향을 줌

부하 직원에게 엄격한 사람이 이상하게 상냥하게 나온다면 "평소에 는 엄격하지만 원래는 친절하고 상냥한 사람일지도 모르겠네요"라고 평 가하는 경우가 종종 있다. 반대로 평소 타인에게 상냥한 사람이 한 번이 라도 미친 듯이 화내면 "늘 상냥하고 좋은 사람이지만 본성은 다를지도 모르겠네요" 하고 평가하기도 한다.

각각의 설명이 틀리지는 않으나 받아들이는 인상은 확 바뀐다.

운동 경기에서 1위를 하던 사람이 또 1위를 해도 그것은 당연한 것이 되어버려 감동이 덜하지만 전혀 기대하지 않던 사람이 갑자기 1위를 하 면 기립 박수를 보내게 되는 것과 비슷한 맥락이다. 육상 경기의 우사인

볼트Usain St. Leo Bolt 선수처럼 늘 세계 기록 갱신의 기대를 품게 만드는 선수는 또 다르겠지만 말이다.

이렇듯 사람들은 예상치 못한 결과에 더 크게 반응하고 과장한다. 나는 이것을 '예외 과장 평가'라고 부른다.

내가 샐러리맨 시절 부하를 평가할 때 가장 고심한 것이 이 예외 과장 평가에 빠지지 않는 것이었다. 예를 들어 영업 성적을 평가하는 경우 연간 목표 98%를 달성한 사원이 두 명 있다면 한 명은 매월 평균 98%를 달성했고 다른 한 명은 매월 90% 이하가 많지만 어떤 달에 200% 초과 달성을 하여 사내 1위를 차지했다면 아무래도 사내 1위라는 눈에 띄는 활약을 한 사원을 종합적으로 높게 평가하고 싶기도 하다.

이런 경우 영업 실적이 수치로 표현되기 때문에 극단적인 평가 에러가 발생하지는 않지만 만약 수치로 관리되지 않는 부문이었다면 어땠을까. 어쩌면 한 번의 예외에 현혹되어버렸을 것이다.

전문적으로는 이러한 평가 에러를 '헤일로 효과' 또는 후광효과라고 하는데 어느 대상을 평가할 때 뚜렷이 드러나는 강한 특징으로 인해 다른 특징에 대한 평가가 감추어지거나 왜곡되는 상태를 의미한다.

예외 과장 평가는 다카하라 노부야스의 평가 에러 중에서도 첫번째로 꼽히고 있다.

07

평가 에러⑤ 논리적 오류

'업무에 항상 열심이니 당연히 잘할 것'이라 믿음

오류는 간단히 '틀리다'라는 뜻이다. 그러니 논리적 오류란 '논리적으로 틀렸다'라는 의미다. 이 논리적 오류가 평가 에러를 일으키는 중요한 개념 중 하나다.

사원 연수 때마다 늘 제일 앞에 앉아 열심히 귀를 기울이고 질문을 하고 메모를 하는 부하가 있다고 하자. 그렇게 집중해서 열심이니 업무 능력도 뛰어날 것이 틀림없다고 추론하여 판단해버리는 일이 자주 생긴다. 당연히 다른 사람과 비교하여 업무에 진지한 자세를 보인다면 그만큼 능력이 향상될 확률이 높아질 것이라고 생각하는 게 틀리지는 않으나 이런 태도가 반드시 업무 능력과 관련이 있는 것은 아니다.

즉 논리적인 추론으로 어느 정도는 결론을 낼 수 있는 것이라도 현실을 다각도로 빈틈없이 확인해두지 않으면 틀릴 수 있다는 것이다.

인상 평가 부분에서 사실 측정과 인상을 구분해야 한다고 했다. 논리적 오류도 이와 동일하게 사실 측정과 추론을 구분해야 평가 에러를 줄일 수 있다.

그런데 평가받는 사람의 관점으로 논리적 오류를 보면 재미있는 사실을 알게 된다. 겉보기에 열심히 하는 것처럼 보이면 논리적 오류에 의해 좋은 의미에서의 평가 에러가 일어날 확률이 높아진다는 점이다. '업무 능력이 낮은 저 사람이 왜 좋은 평가를 받고 있는 거지?' 하고 생각할 경우 이 논리적 오류를 의심해보아도 좋을 것이다.

하지만 또 평가자 입장에서 본다면 평가 불만에 사로잡혀 업무에 적극적으로 참여 못하는 사람보다 비록 논리적 오류라 하더라도 겉보기라도 적극적인 자세를 보이는 사람이 훨씬 노력하고 있다고 말할 수 있는 것이 아닐까? 의식적으로 이런 자세를 보이면 나에게 긍정적인 논리적 오류가 일어날 수 있으니 시도해보는 것도 나쁘지 않다.

08

평가 에러⑥ 대비 오차

평가의 기준을 자신으로 삼는 것은
인간적이지만 위험천만한 실수

사람은 종종 본인을 기준으로 상대와의 차이를 재고 평가하는 경향이 있다. 예를 들어 "이 부분은 나와 차이가 없으니까 4이지만 이 부분은 내가 훨씬 잘하니까 2일 거야"와 같이 말이다. 이러한 사고방식은 자아도취에 기인해서가 아니라 어찌 보면 당연한 인간의 습성이라고 할 수 있다.

평가는 본래 평가 항목별 사실 측정으로 절대 평가가 되어야 하지만 본인을 기준으로 상대 평가를 하는 인간의 습성으로 대비 오차의 에러를 범하는 경우가 많다.

'나는 언제나 객관적이고자 노력하며 자기중심적으로 사물을 파악하

당신은 회사의 평가에 만족하십니까?

지 않으므로 그러한 에러를 범하지 않는다'고 부정하는 사람도 있겠지만 이 대비 오차는 앞에서 말한 바와 같이 인간의 습성에 의한 평가 에러이므로 본인은 알아채지 못하는 경우가 많다. 그렇지만 대비 오차는 매우 위험한 판단을 초래할 수 있다. 자신과 다른 특성을 가진 인물을 이유 없이 낮게 평가하는 경향을 가지기 때문이다. 이는 조직의 균형을 무너뜨리는 치명적인 평가 에러가 될 수 있다.

또한 대비 오차에는 자신이 아닌 제3자를 기준으로 설정하여 상대 평가를 하는 경우도 있다. 이런 경우 평가자가 기준으로 삼은 제3자에게 이미 최상위 평가가 주어졌기 때문에 같이 평가를 받는 다른 사람들은 평가를 받기도 전에 이미 최상위자가 될 기회조차 박탈된 셈이다. 뿐만 아니라 평가자가 기준으로 삼은 제3자, 즉 최상위자와 비교되므로 상대적으로 부정적인 평가를 피할 수 없다.

여기까지 여섯 가지 평가 에러의 실태를 사례를 들어 자세히 설명했다. 회사의 인사 평가가 얼마나 오류투성이인지 역력히 알았을 것이다.

나는 평가 제도 자체를 비판하려는 것은 아니다. 평가 제도는 당연히 필요하다. 평가는 조직 사회라면 피할 수 없다. 그러므로 현실에서 나타나는 평가 에러의 유형을 알아보고, 또 그런 오류가 왜 발생하는지를 이해하여 불필요한 스트레스를 줄이고 평가 에러를 조금이라도 피해갈 방법을 찾자는 것이다.

평가 불만 사회를 꿋꿋하게 살아가려면 회사에서의 평가와 당신의 인간적인 가치는 동일하지 않다는 것을 늘 염두에 두어야 한다. 인생에서 일하는 시간은 절반 이하다. 따라서 평가 그 자체에 흠을 잡을 필요도 없으며 스트레스를 받을 까닭도 없다.

단 평가가 회사에서의 대우를 결정하는 것도 사실이므로 엉터리 평가 그 자체는 신경을 쓰지 않더라도 평가 향상을 위한 노력을 소홀히 해서는 안 된다.

평가가 상사의 주관에 좌우되지 않으려면 평가자 훈련이 필요하다

여러분은 평가자 훈련을 받아본 경험이 있는가? 아직 평가하는 입장이 되어본 적이 없는 사람이라도 자신의 회사에 평가자 훈련 커리큘럼이 있는지 알아보라. 평가 커리큘럼이 놀랄 만큼 준비가 안 되어 있음을 깨달을 것이다.

나는 20년 동안 총 두 군데의 회사를 다녔다. 처음 2년 정도를 빼면 현장과 매니저 일을 겸임하는 등 관리자 영역에서만 18년 동안을 재직했다. 그런데 그동안 단 한 번도 평가자로서의 기술 훈련이나 교육을 받아본 적이 없다.

아무리 우수한 평가 제도가 도입되어 있다고 해도 평가자가 제대로 된 훈련을 받지 않으면 올바른 평가 노하우에 근거해서 채점을 할 수 없다. 결국 '주관'에 의한 개인 평가가 되어버린다. 평가받는 사람이 같은데도 복수의 평가자가 제각각의 평가를 내리는 것도 평가자 훈련이 제대로 이루어지지 않았기 때문이다. '진실은 하나, 평가는 여러 가지'라는 현상이 이렇게 해서 생기는 것이다.

실제로는 한 사람의 평가 대상자에 대해 상사도 한 명인 경우가 많으므로 상사의 '주관'이 어디로 가느냐에 따라 평가가 좋아지기도 나빠지기도 한다. 이것이 엉터리 평가의 실태다. 물론 평가자가 엉터리 태도로 평가에 임한다는 것은 아니다. 평가 결과의 실태가 엉터리라고 지적하는 것이다.

만약 평가가 일종의 게임이라면 그다지 흠 잡을 필요가 없겠지만 평가는 실생활에서 승진, 급여와 밀접한 관련이 있다. 따라서 작위적인 엉터리 평가가 있어서는 안 되지만 현실은 엉터리 평가 투성이다.

그러한 상황에 사람의 감정이 끼어들어 문제가 더욱 커진다. '왜 저 사람보다 평가가 낮을까', '저 상사가 나를 싫어해서 좋지 않은 평가가 나오는 것은 아닐까?', '사생활을 희생하면서까지 회사를 위하여 일하고 있는데 이렇게 평가가 낮다는 건 용납할 수 없다', '상사는 이전의 내 실수를 아직도 기억하고 부당한 평가를 하는 것은 아닐까', '현장에서 땀을 흘리고 있는 영업보다 본사의 미지근한 분위기 속에서 일하는 내근자를 더 우대하는 것은 참을 수 없다!' 등등, 착각이든 사실이든 평가 불만은 점점 더 가중되기 마련이다.

평가자 훈련의 내용을 살펴보면 예상 이상으로 잘 정리되어 있다. 그 내용은 '평가에 관한 기본적인 사고', '자사의 인사 평가 제도 이해', '평가 프로세스의 이해와 기술의 습득' 등인데, 평가자의 평가 능력과 공평성을 높이는 것을 목표로 하고 있다. 따라서 평가자 훈련이 일반화된다면 엉터리 평가를 충분히 줄일 수 있다.

그런 의미에서 평가 제도의 진화에 맞춰 평가자 훈련 또한 실제적으로 진행시켜야 한다. 물론 평가자 훈련율이 높아진다고 평가 불만이 100% 해결될 수는 없다.

객관적으로 옳은 타자 평가라도 그것에 납득할 수 없는 사람이 반드시 있기 마련이다. 그래도 평가 불만율을 감소시키기 위한 노력을 계속하는 것이 평가 스트레스를 줄이는 길임에는 틀림없다. 그것이야말로 평가자 훈련의 큰 효용이라 할 수 있다.

평가자 훈련의 효용에는 잊지 말아야 할 또 한 가지 시점이 있다. 그것은 평가자 훈련 대상자 대부분은 중간 관리직이라는 것이다. 그렇다면 그들은 평가자이면서 동시에 평가 대상자이기도 하다.

평가 대상자가 평가자 훈련을 통하여 평가 기술을 높인다는 것은 평가 대상자로서 자신의 평가 결과를 받아들일 때 감정보다 이성으로 파악하는 기술이 몸에 배게 된다는 의미다. 즉 평가 불만을 컨트롤할 수 있는 사람이 늘어난다는 뜻이다.

평가자 훈련은 그 자체만으로 긍정적인 연쇄 반응을 일으키기 때문에 이 효용의 가치가 대단히 크다고 할 수 있다.

또 평가자 훈련이 충실해지면 강사 역할을 할 수 있는 사원이 늘어나게 되므로 평가 대상자 학습 모임도 활발해질 가능성이 생긴다. 그렇게 되면 쓸데없이 감정적으로 불만을 갖는 사람이 줄어드는 결과를 가져와 긍정적인 조직 활동을 하는 데 도움이 될 것이라고 믿는다.

> **"**
>
> 평가 불만 사회를
>
> 꿋꿋하게 살아가려면
>
> 회사에서의 평가와 당신의 인간적인 가치는
>
> 동일하지 않다는 것을 늘 염두에 두어야 한다.
>
> 인생에서 일하는 시간은 절반 이하다.
>
> 따라서 평가 그 자체에 흠을 잡을 필요도 없으며
>
> 스트레스를 받을 까닭도 없다.
>
> **"**

제 3 장

'엉터리 평가'를
역으로
이용하는 승진의
기초 작업

66

평가에 대한
종합적이고 끊임없는
노력의 결과물이
곧 승진이다.

99

평가 에러를
역으로 이용하라

앞서 평가 때문에 고민하고 괴로워하는 사람의 스트레스를 줄이기 위하여 평가 그 자체는 엉터리일 경우가 많다는 것을 설명했다. 그러나 그 사실을 알았다고 해서 자신의 평가가 좋아지는 것은 아니다. 좋은 평가는 곧 승진으로 이어지기 마련이므로 더 나은 평가를 받기 위한 구체적인 방법을 생각하고 이를 실행하려 노력해야 한다.

사물에는 동전과 같이 반드시 앞면과 뒷면이 있다. 평가 에러에도 앞면과 뒷면이 있다. 평가 에러에는 과소 평가만 있는 것이 아니라 때로는 과대 평가 에러도 생긴다. 이런 면을 이용하여 의도적으로 나에게 유리한 평가 에러를 일으킬 수 있다면?

구체적으로 평가 에러를 일으키는 방법에는 어떠한 것이 있을까? 전문가적 입장에서 실제 평가를 높이는 정상적인 방법을 생각한다면 각각의 평가 항목의 점수를 올리는 데 필요한 경향과 방법을 알아낼 수 있다. 그러나 그러한 경향과 방법의 실천법도 이 책에서 다루지만 그것만으로는 충분하지 않다. 이론과 현실에는 차이가 있게 마련이라 단순한 평가 항목의 점수 올리기만으로는 평가 에러 자체를 막을 수 없다. 당연히 나에게 유리한 평가 에러도 일으킬 수 없다.

엉터리 평가는 이름 그대로 엉터리다. 정상적인 방법으로 평가 항목을 충실히 채점하지 않기 때문이다.

나의 샐러리맨 시절을 되돌아보면 젊고 실적도 우수하고 환경은 물론 운도 따라주어서 남들보다 빠른 속도로 출세할 수 있었다. 영업 사원으로 5년 정도 근무했는데 약 3,000명(입사 당시에 비해 대략 두 배)의 영업 사원 중 최상위를 차지했다. 뿐만 아니라 목표 달성률도 매우 높았으므로 수치 이상으로 회사에 공헌했다고 생각한다. 반면 주위 사람에 대한 배려가 부족했던 부분이 있었다.

회사 내에서 나에 대한 평가는 제각각이었다. 윗사람들 중에는 콧대 높은 애송이의 활약을 못마땅해한 이들도 분명 있었을 것이다. 즉 사실 측정은 틀림없이 만점이었으나 여러 가지 평가 에러에 의해 제각각의 평가가 주어졌던 것이다.

여러분은 내가 말하고자 하는 바를 이미 알고 있을 것이다. 평가 에러를 막는 대응책이 부족했던 것이다. 실적만으로는 누구에게서든 높은 평가를 얻을 수 있는 것이 아님을 스스로 체험한 것이다. 즉 평가 항목의 점수만 올려서는 안 된다는 말이다. 그것이 현실이다.

지금 생각하면 사내 권력자에게 잘 보이며 회사의 각종 행사와 회식 자리에 적극적으로 참여하여 사람들과의 유대관계를 형성하고 기회가 있을 때마다 애사심을 나타내며 교만하거나 잘난 체하지 않고 항상 배움의 자세를 잃지 않는 노력을 꾸준히 했다면 아마도 더 빠르게 출세가도를 달려갔을지도 모른다. 그렇게 한다고 해서 평가 에러가 모두 사라지지는 않겠지만 단순히 교만한 애송이로만 보지 않고 나를 높게 평가하는 사람이 아마 꽤 늘었을 것이다.

지금에서야 깨달았지만 최상위 성적이라며 잘난 체하지 않고 항상 선배들을 존중하고 같이 술을 마시며 존경심을 표하는 등의 노력을 의도적으로 더 했어야 했다.

평가를 높이는 것은 타인에게 호감을 사는 기술을 몸에 익히는 것과 같다. 내 진심이 얼마만큼 전해졌을지는 조금 불안하지만 '평가 에러를 역으로 이용한다'라는 대응책은 인간성과 사회성의 성장은 물론 자기 자신을 위해서도 정말 필요한 노력이다.

그렇다면 구체적인 방법으로 들어가 보자. 먼저 평가 에러에 대한 복습이다. 다시 한 번 여섯 가지의 평가 에러를 정리하면 다음과 같다.

① 인상 평가 (이미지 평가)

② 2-4 법칙

③ 역산 평가 (메이킹 경향)

④ 예외 과장 평가 (헤일러 효과)

⑤ 논리적 오류

⑥ 대비 오차

　하나하나의 평가 에러 내용을 떠올리면서 구체적인 대응책을 함께 생각해보자.

인상 평가를
이용하라!

■ 항상 미소를 유지하라, 첫인상이 바뀌게 될 것이다

평가자 개인의 감정과 판단으로 평가 대상자 인상의 좋고 나쁨을 판단하여 평가 에러를 일으키게 되는 것이 인상 평가다.

평가 대상자 입장에서 말하면 평가자에게 좋은 인상을 주면 높은 평가를 얻을 가능성이 많은 것이다. 이를 위해 평가자가 호감을 느낄 수 있는 '첫인상'을 만들어야 한다.

'그렇게까지 해서 좋은 평가를 받고 싶지는 않다!'

혹시 이렇게 생각하는 사람이 있는가? 평가 스트레스에 영향을 받지 않고 업무를 능숙히 처리하여 지속적으로 실적을 올릴 수 있는 사람이라면 그 말이 맞을 수도 있다. 하지만 평가 스트레스로 업무 몰입도나 의욕이 떨어지고 실적을 내지 못하는 일이 생긴다면 결국 평가 스트레스 관리를 해야 한다. 한마디로 '그렇게까지' 해야 하는 것이다.

그리고 상대가 누구든 좋은 첫인상을 주기 위해 노력하는 것은 사회생활에서 매우 필요한 자세다. 또 이는 상대를 향한 배려이자 좋은 품성을 함양하기 위한 방법이기도 하다.

그렇다면 좋은 첫인상을 주기 위해서는 어떤 노력을 해야 할까? 주변 사람을 떠올려보자. 어떤 부분이 가장 먼저 떠오르는가. 100% 평소의 표정 말이다.

표정이 밝고 활기찬 사람이라면 가까이 지내고 싶은 마음이 생긴다. 반대로 어둡고 그늘진 표정의 사람은 그의 장래성까지도 어둡게 느껴져 별로 가까이 하고 싶지 않다. 따라서 늘 밝은 표정을 지을 수 있도록 의식적으로 노력해야 한다.

조심해야 할 부분이 있다면 혼자 있을 때의 표정이다. 여태껏 사람 앞에서 좋은 인상을 주었더라도 혼자 있을 때 어두운 얼굴을 하고 있다면 효과가 감소한다.

자주 아우라aura 가 있는 사람과 없는 사람의 차이를 말하는데 아우라가 있는 사람은 다른 사람이 보고 있든 아니든 어느 때에도 매력적인 표정을 하고 있다.

매력적인 표정이란 적극적인 의사가 느껴지며 부드럽고 침착한 미소,

살짝 긴장감을 가지는 냉철함 등이다. 짧은 시간 안에 매력적인 표정을 만드는 것은 어렵지만 나쁜 인상을 주는 표정만은 제발 피했으면 한다.

야무지지 못한 표정, 특히 그중에서도 입을 절반쯤 벌린 모습은 정말 주의해야 한다. 멍청하다는 인상을 주기 때문이다. 또한 입은 열고 있지 않더라도 초점 없는 눈동자 등으로 얼굴에 긴장감이 없으면 무기력한 인상을 주기도 한다.

표정이 느슨해 보이지 않으려면 입꼬리를 항상 위로 향하게끔 노력하라. 입꼬리가 처져 있으면 우울하고 의욕이 없어 보인다. 반면 입꼬리가 살짝 올라가 있으면 긍정적이며 야무진 인상을 준다.

의식해야 할 것은 표정만이 아니다. 자세 역시 중요하다. PC로 업무를 보거나 무언가 깊은 생각을 할 때 팔꿈치를 책상에 올리고 손등에 턱을 올리며 비딱한 자세를 하는 사람이 많은데 이것도 나쁜 인상을 주는 원인의 하나다. 건장한 사람이 새우등을 하고 일하는 경우도 마찬가지다. 당연히 양발을 올려 의자에서 양반다리를 하고 있는 모습도 좋지 않아 보인다.

이렇듯 야무지지 못한 얼굴이나 바르지 못한 자세는 인상 평가를 나쁘게 한다는 것을 기억해두자. 그리고 이런 자세는 건강에도 나쁜 영향을 미친다. 실제로 요통이나 어깨결림 등으로 병원을 찾는 직장인이 통계적으로 크게 늘었다고 한다.

가장 중요한 것은 사람을 만날 때 늘 웃는 얼굴을 하는 것이다. '이 정도는 나도 알아!'라고 하는 사람도 있겠지만 아는 것과 실천은 별개의 문제다. 정말로 자신이 항상 웃는 얼굴인지 아닌지 냉정하게 되돌아봐라. 피곤할 때에도, 졸릴 때에도, 싫어하는 사람에게도, 아랫사람에게도 웃는 얼굴을 보이고 있는지 스스로 검증해보자.

그런데 사람과 만날 때에는 미소를 잃지 않아야 한다는 생각에 의문을 갖는 사람도 있다.

예를 들어 '억지로 웃는 표정을 짓고 있으면 혹시 기분 나쁜 분위기를 만들게 되지는 않을까' 하고 말이다. 분명 상황이 맞지 않으면 그러한 인상을 갖게 하는 경우도 있을 것이다.

예를 들어 큰 실수를 하여 상사가 화를 내고 있는데 웃는 얼굴로 있는다는 것은 말도 안 된다. 또한 동료가 자책하며 힘들어하는데 웃는 얼굴로 듣는 것은 적절하지 못하다.

더욱이 아무리 웃고 있는 얼굴이라 해도 단순히 웃고 있기만 하면 되는 것이 아니다. 부자연스러운 미소는 오히려 더 큰 불쾌감을 줄 수도 있다. '여배우의 눈부신 미소는 거울 앞에서 만들어진다'라는 말을 들은 적이 있다. 여배우와 같은 미소는 아니더라도 불쾌감을 주지 않을 정도의 미소를 만드는 연습은 해볼 만하다.

이상과 같은 것을 고려한 후에 실행할 것을 강력히 권한다. 그 이유는 좋은 인상 이외에도 얻는 것이 크기 때문이다.

마에노 타카시의 책《뇌는 왜 마음을 만든 것인가 - '나'의 수수께끼를

푸는 수동 의식 가설[01]》에 다음과 같은 흥미로운 문장이 있다.

웃는 얼굴을 하면 그때의 근육 상태가 감각 수용 기관에서 뇌로 피드백되어 이런 얼굴을 하고 있을 때는 기쁘다, 하는 기쁨의 내부 모델을 만든다. 그 결과 '나는 지금 기쁘다'라는 마음의 상태를 끌어내는 것이다.

'미소를 지으면 뇌에서 기쁨을 나타내는 반응이 활성화된다'는 의미는 자기개혁으로 이어지는 매우 중요한 관문이다. 즉 웃는 얼굴은 마음도 웃게 만들며 늘 쾌활하고 적극적이며 긍정적인 자세를 만들어 긍정의 순환 요소가 된다는 것이다. 이로 인해 인상 평가도 높아질 것이며 경우에 따라서는 평가 불만의 스트레스에서 자유로워진 자신을 발견하게 될지도 모른다.

■ 목소리만으로도 좋은 인상을 줄 수 있다, 아침인사부터 시작하라

미소와 비교될 정도로 중요한 인상 요인이 하나 더 있는데, 그것은 목소리다. 목소리에도 미소를 더해보는 것이다. 목소리에 미소를 더하려면 밝은 톤의 목소리를 내는 것부터 시작하자. 그러려면 말할 때 음정과 음량에 신경을 써야 한다.

먼저 음정인데 전문가에 의하면 여성의 경우 피아노 중앙의 건반에 있는 '도'보다 2~3음 정도 높은 '미'나 '파' 근처의 음정이 가장 밝게 들린

---

01 수동 의식 가설이란 우리가 의식해 행동하고 있다고 생각하는 사실이 실제로는 인과관계가 반대인 것이 아닐까 하는 가설이다. 즉 의식하기 이전에 몸이 움직이거나 말을 하고, 그후 이미 일어난 현상에 대해 의식이 앞뒤를 맞추는 것처럼 이야기를 창조하고 있는 것이 아닌가라는 의미로 게이오기주쿠 대학의 마에노 교수가 제창했다.

다고 한다. 마찬가지로 남성의 경우 한 옥타브 낮은 '도'보다 2~3음 정도 낮춘 '라'나 '솔' 근처라고 한다. 여성의 경우는 '파'보다 너무 높아져버리면 애니메이션 성우처럼 되어버리기 때문에 주의해야 한다.

다음은 음량인데 조금 크게 목소리를 내는 것이다. 상대가 알아듣기 어려울 정도로 작게 말하는 사람이 있는데 이런 경우 소극적이며 어두운 사람이라는 인상을 주게 된다.

하지만 의식적으로 크고 밝은 목소리를 내려고 해도 갑자기 되지는 않는다. 여기에도 훈련이 필요하다. 평범하지만 신경 써서 크고 밝은 목소리로 아침인사부터 해보자.

내가 팀장 시절에 '좋은 아침입니다' 캠페인을 실행한 적이 있었다. 팀원은 캠페인을 적극적으로 실천하는 사람, 의지는 있지만 행동으로 잘 옮기지 못하는 사람, 방관하는 사람의 세 가지 패턴으로 나누어졌다.

나는 실행하지 않고 방관하는 팀원에게 낮은 평가를 주고 싶은 충동에 사로잡혔다. 그런 팀원은 성격에도 문제가 있다고 생각되었기 때문이다. 하지만 실제 그 팀원이 그런 사람이라기보다는 내가 평가 에러를 범하고 있었는지도 모른다. 여기서 그 팀원의 본심은 중요하지 않다. 일단 그런 자세는 부정적인 평가를 유발한다는 것이 핵심이다.

자신감 있는 큰 목소리는 상대의 기분을 좋게 해주며 힘이 나게 한다. 여러분도 주위 사람을 관찰해보라. 큰 목소리를 가진 사람은 대부분 적극적이며 쾌활하다는 긍정적인 평가를 받고 있지 않은가! 반대로 작은 목소리를 가진 사람은 소극적

당신은 회사의 평가에 만족하십니까?

이고 꿍꿍이속이 있을 것 같다는 부정적인 평가가 더 많을 것이다.

실제로 평가 항목 중에 '인상과 분위기 만들기'라는 채점 항목이 있다면 높은 득점을 얻을 수 있으므로 정당한 가산점으로도 이어진다. 이렇게 보면 인상 평가는 당연한 거지 에러가 아니지 않나 하는 생각이 드는 사람도 있을 것이다. 하지만 평가자가 갖는 인상만으로 평가 대상자의 다른 자질이 왜곡되어 채점될 수 있기 때문에 평가 에러의 주요 원인으로 인식해야 한다. 그리고 '인상 평가를 역으로 이용하라'라는 말은 첫인상을 좋게 하여 전체 평가의 가산점을 높이는 긍정적인 평가 에러를 유발하는 작전인 것이다.

더구나 인상을 좋게 하는 것은 자신의 노력만으로도 가능하다. 노력할 의사만 있다면 간단히 실행할 수 있다. 또한 좋은 첫인상 만들기 작전은 평가를 떠나서 인간적인 매력을 한층 더 높일 수 있는 첫걸음이기도 하다. 적극적으로 실행해보자.

앞에서 미소가 뇌로 피드백되어 기쁘다는 마음을 나타내는 반응이 활성화된다는 이야기를 했는데 얼굴과 목소리를 의식적으로 바꾸는 것으로 '난 할 수 있어!'라는 자신감을 갖게 될지도 모른다.

편애받기 위한 세 가지 비결
2-4 법칙을 역으로 이용하라

다음은 2-4 법칙을 역으로 이용하는 방법이다. 이는 앞에서 설명한 대로 편애하는 부하 직원은 4점을 기준으로 채점하고 궁합이 맞지 않거나 관심이 가지 않는 부하 직원은 2점 정도로 채점을 하는 평가 에러다.

이를 역으로 이용한다는 것은 단순히 말하면 되도록 상사가 편애하는 부하 직원이 되도록 '노력하는' 작전이라 할 수 있다. 상사가 편애하는 부하 직원이 되기 위한 중요한 비결은 다음의 세 가지로 정리할 수 있다.

① 편리한 존재가 된다
② 도움이 되는 존재가 된다

당신은 회사의 평가에 만족하십니까?

③ 화합의 존재가 된다

조직을 통솔하면 알게 되는 것인데, 조직을 유연하게 움직이기 위해서는 '편리한 부하', '도움이 되는 부하', '화합의 중심이 되는 부하'가 보물이다.

사람과 사람의 관계는 '이치理致'만이 아니라 '정情'에 크게 영향을 받는다. 평가자 역시 '정'에 영향 받기 쉬운 인간에 불과하다. 고맙고 능력 있는 부하 직원을 편애하는 것은 이상한 일이 아니다. 이 고맙고 필요한 존재의 키워드가 '편리, 도움이 되는, 화합'의 세 가지다.

이제부터 각각에 대해 상세히 생각해보도록 하자.

■ 상사의 관점에서 '편리한 존재'란?

편애 받기 위한 세 가지 비결 중 먼저 '편리한 존재'부터 보도록 하겠다. '편리한 존재'란 정곡을 찔러 말하면 상사의 관점에서 쓰기 좋은 부하라는 의미이며 이는 '공과 사' 모두를 포함한다.

나는 예전부터 워크 라이프 밸런스work life balance 라는 말이 '일과 생활의 균형'이라는 본래의 의미가 아닌 '일과 사생활을 분리하다'라는 잘못된 뜻으로 사용되고 있음을 우려하고 있었는데 잘못된 워크 라이프 밸런스를 주장하는 부하 직원은 미안하지만 상사에게 편리한 존재가 되지 못한다.

예를 들어 상사가 갑자기 '오늘 한잔 어때요'라고 한다면 대부분 "네, 알겠습니다!"라고 대답한다. 하지만 그렇게 대답을 한 사람 중에서도 짜증 섞인 불만을 은연중에라도 표현하는 부하 직원은 있게 마련이다. 그런 부하 직원은 아무리 일을 잘해도 '불편한 부하'로 여겨지는 것은 어쩔 수 없다. 사람과 사람과의 관계는 '이치'가 아닌 '정'이기 때문이다.

워크 라이프 밸런스에서 '불편한 존재'가 되지 않기 위해서는 이 부분을 제대로 이해할 필요가 있다.

나는 《취업 활동의 벽》이라는 도서의 원고를 쓸 때 취업을 준비하는 학생을 조사한 적이 있는데 그때 놀랄 만한 사실을 알게 되었다. 취업 준비생이 면접에서 "귀사의 워크 라이프 밸런스는 어떻습니까?" 하고 질문을 한다면 그것은 "시간외 근무는 없겠지요?"라는 의미라고 한다. 취업 준비생조차도 워크 라이프 밸런스를 일과 사생활을 분리하라는 것으로 생각해 잔업을 부정적으로 생각하는 것과 결합시키고 있었다. 다시 말하면 이런 사고를 가진 사람은 상사에게 자신의 시간과 행동을 맞추는 '편리한 부하'가 되는 게 쉽지 않다는 것이다.

나는 시간외 근무를 무조건 찬성하는 것이 아니다. 하지만 '편리한 존재'가 되고 싶다면 어느 정도는 평가자인 상사의 형편에 시간과 행동을 맞추려는 노력이 필요하다고 생각한다. 필요한 때에 곁에 없는 사람을 편리하게 쓸 수는 없기 때문이다.

■ 상사를 보좌하는 '도움이 되는 존재'로서 실력을 갖춰라

다음으로 '도움이 되는 존재'가 되기 위한 전략이다.

회사는 클럽 활동이 아니다. 어떠한 상사라도 자기가 이끄는 조직이 회사에 공헌하기를 원한다. 이 말은 회사에 공헌하기 위한 유능한 인재가 필요하다는 것이며 따라서 '편리한 존재'인 부하만으로 조직이 운영될 것이라고 생각하지 않는다. 역시 '도움이 되는 존재'도 중요하다.

도움이 된다는 것은 주어진 역할을 완수하기 위하여 최선을 다해 능력을 발휘하는 존재이며 동료의 마이너스를 보완해주는 인재다. 물론 그 이상이 되면 미묘한 관계가 성립되므로 수위 조절을 필요로 한다. 여기서 말하는 그 이상의 존재란 상사의 자리를 위협하는 것을 뜻한다.

일본에서 예전에 방영된 〈임원실 오전 0시〉라는 드라마가 있는데 도움이 되는 존재를 이해할 수 있는 좋은 사례가 나온다. 내용을 살펴보면 다음과 같다.

■ ■ ■

은행에 근무하는 이 드라마의 주인공은 은행 총재의 눈에 띄어 '도움이 되는 존재'로서 총재를 보좌하며 전무까지 오른다. 그러나 총재가 재벌 은행과의 합병을 추진하자 이를 막아서고 총재는 그것을 하극상으로 간주한다.

총재는 합병 후 거대 은행의 초대 총재 자리를 제의 받고 유혹을 이기

지 못해 합병을 추진하지만 주인공은 재벌 은행의 흡수 합병 의도를 간파하고 총재를 본연의 모습으로 돌려놓기 위해, 또 은행의 장래를 위해 이런 반대를 한 것이다.

결국 임원들의 압도적인 지지로 주인공인 전무의 합병 반대안이 통과되고 은행은 흡수 합병의 위기로부터 벗어난다. 그리고 총재는 '본인'에게 도움이 되는 존재였던 전무가 어느새 '회사 전체'에 도움이 되는 존재로 성장한 것을 깨닫고 총재의 자리를 권하는데 그때 전무는 자신을 여기까지 이끌어준 총재에게 이렇게 훌륭하게 고마움을 표현하고 있다.

"총재님이 계시기에 제가 있습니다."

이렇듯 '도움 되는 존재'가 되기 위한 노력은 실력 향상과 직결되므로 매우 중요하다. 또한 성장의 시기에 자신이 아닌 누군가를 위하여 노력하는 경험은 개인의 욕심을 컨트롤하는 방법을 습득하는 과정이기도 하다.

상사는 부하가 생각하는 만큼 호불호의 감정만으로 부하와 대면하지 않는다. 사적으로는 싫어할지라도 '도움이 되는 존재'인 부하를 중요하게 생각하며 이용하고자 하는 의도를 어떤 상사나 가지고 있다.

즉 상사는 '도움이 되는 존재'를 제대로 평가해주지 않으면 상사 본인을 향한 불만이 외부로 표출되는 것에도 신경을 쓰고 있다는 것이다. 혹시 외부로 새어 나가버리면 자신의 사내 평판을 떨어뜨릴 뿐만 아니라 "열심히 하는데 낮은 평가를 받은 것은 이해하기 힘든 일이다, 우리 부서로 데려올까?"라며 타 부서에서 눈독을 들이고 도움이 되는 존재도 회사 내에서 거취 문제를 고민하게 된다. 이는 결국 부서의 팀원과 팀의 업무 능력의 상실을 초래할 수 있다.

부하 직원의 입장에서 보면 이렇듯 '도움이 되는 존재'가 되기 위하여 노력하는 것은 결국 조직에서 입지를 굳히기 위한 전략이기도 하다.

■ 팀 분위기를 화합하게 만드는 '마스코트 존재'가 돼라

마지막으로 세 번째인 '화합의 존재'에 대해서 이야기하겠다. '화합의 존재'란 조직의 딱딱한 분위기를 완화시켜주는 마스코트적인 인물이라고 바꿔 말할 수 있다.

마스코트의 어원은 프랑스어의 'masque'라고 한다. masque는 '집에 행운을 가져오는 것'이라는 의미로 이를 적용시킨다면 '조직에 행운을 가져오는 인물'이다. '화합의 존재'는 상사뿐 아니라 부서 전원으로부터 사랑받는 캐릭터다.

예를 들어 항상 미소를 잃지 않는 사람이 그렇다. 미소에 힐링 healing 이 안 되는 사람은 없다. 또한 "차나 커피는 어떠세요?" 하고 적절한 타이밍에 마음을 써주는 사람도 '화합의 존재'다. 동료나 상사에게 차나 음료를 대접하는 것을 업무 외적인 심부름이자 전근대적인 행동이라고 하는 사람도 있겠지만 그것이 타의에 의해서가 아니라 자발적으로 상사나 동료를 위한 것이라면 자기의 가치를 높이는 행동이라고도 할 수 있다.

더욱이 누군가가 큰 실패를 하거나 심한 질책을 받은 후 점심식사를 권하거나 술자리를 만들어 고민을 들어주는 등 동료의 상실감을 조금이라도 완화시킬 수 있도록 노력하는 사람은 보이지 않는 곳에서 조직에 공헌을 하는 귀중한 인재다.

조직뿐만 아니라 외부에 대해서 화합의 효과를 발휘할 수 있는 사람도 마찬가지다. 고객과 장시간 이동하는 경우 질리지 않을 정도의 화제를 제공하거나 회식자리 등에서 자신의 실패담을 공개해 상대에게 심리적 편안함을 줄 수 있는 것은 언뜻 비즈니스와 전혀 상관없다고 여겨질 수 있지만 그 영향력은 측정할 수 없을 정도로 크다. 이렇듯 형태는 여러 가지이나 조직의 화합과 행복감을 고취시키는 존재에게 나쁜 평가를 주기는 어렵다.

어떡하면 '팀이 웃을 수 있을까', '좋은 분위기를 만들 수 있을까' 등을 생각하여 마스코트적인 존재감을 가지도록 노력해보라.

멀티 플레이어가 되어라!
역산 평가를 역으로 이용하라

다음은 역산 평가를 역으로 이용하는 방법이다. 먼저 '업무 능력이 뛰어난 사람'이라는 이미지를 전면에 어필함으로 낮은 평가를 해서는 안된다는 인상을 가지도록 한다.

그것을 위한 한 가지 방법으로 다양한 업무를 병행할 수 있는 준비된 멀티 플레이어가 되고자 노력해보자. 멀티 플레이어란 자신의 전문 분야뿐 아니라 필요하다면 다른 업무도 일정 정도 처리할 수 있는 사람을 의미한다.

고도 경제성장기에는 회사가 잉여인원을 떠안고 있었다. 적은 일만해도 급여를 주었기에 지금 생각해보면 참 좋은 시절이었다. 그러나 버블 경제의 붕괴 후 장기간에 걸쳐 불경기가 계속되자 기업은 끊임없이 효율성을 추구하게 되었고 잉여인원을 떠안기는커녕 여러 업무를 한 명이 소화하는 것을 당연하게 여기게 됐다.

패밀리 레스토랑 등이 그 대표적인 사례다. 고도 경제성장기에는 테이블 담당이 불필요할 정도로 직원이 많이 배치되어 있었고 캐셔도 따로 있었다. 반면 지금은 어떠한가? 업무 전산화를 통해 직원을 대폭 감소해 인건비에서부터 비용 절감을 꾀하고 있다. 따라서 직원 한 사람이 손님을 안내하고 물을 나르고 주문을 받고 계산하고 테이블을 치우는 갖가지 업무를 소화해내야 한다.

회사도 동일하다. 소수정예 인원으로 한 사람이 여러 역할을 소화해야만 한다. 실무자의 입장에서는 다양한 업무를 수행해야 하므로 업무의 정밀도가 떨어지고 그만큼 실수가 늘어난다. 이것은 좋지 않은 평가를 받을 수밖에 없는 환경에 노출된다는 뜻이기도 하다. 따라서 이미 많은 업무를 떠안고 있는 상태에서 새로운 업무가 추가되면 실무자에게는 부담일 수밖에 없다. 하지만 이런 환경이 쉽게 바뀔 수 없는 것이 현실인 상황에서 상사는 어쩔 수 없이 업무를 부여할 수밖에 없다.

이때 상사의 입장에서 보면 싫은 내색을 보이는 부하 직원에게 지시를 하는 것이 기분 좋을 리 없다. 그렇기에 싫은 내색을 하지 않고 흔쾌히 새로운 업무를 받아주는 부하에게 일을 의뢰하게 된다. 그러면 일처리가 능숙하거나 편한 부하 직원에게 일이 몰리는 현상이 초래되는 폐

단도 있지만 상사는 그것을 고맙게 생각하고 의지하며 그 부하 직원에게는 높은 평가를 주어야겠다는 생각을 갖게 된다.

하지만 많은 업무로 인해 실수가 늘면 상사의 신뢰도 무너지게 되어 역효과다. 아무리 많은 일을 떠맡아도 싫은 내색을 하지 않더라도 잦은 실수로 업무에 지장을 주게 된다면 곤란하다.

또 여러 가지 업무를 병행할 때의 마음 자세도 중요하다. 일이 많아지면 물리적인 시간이 더 필요하므로 자연적으로 근무 시간이 늘어나는데 어쩔 수 없이 한다는 생각으로 일을 받고 처리하면 저도 모르게 불만만 쌓여 결과가 좋을 수가 없다.

멀티 플레이어가 되려면 많은 노력과 각오가 필요하다. 당장은 힘들어도 다양한 업무를 큰 실수 없이 해결하는 경험을 쌓으면 반드시 장래에 도움이 된다. 또한 같은 시간에 타인에 비해 두세 배의 경험을 쌓게 되므로 그만큼 성장 속도가 빨라지는 것도 당연하다.

어쩔 수 없이 여러 업무를 병행해야 한다면 한 분야 한 분야씩 섭렵해 보겠다는 자세로 이를 자기 성장의 동력으로 삼아보면 어떨까? 이런 노력이 반드시 좋은 평가로 이어진다는 믿음도 가져보자.

■ '납기 -1의 법칙'을 철저히 살려라

역산 평가를 역으로 이용하는 또 한 가지 방법으로 '납기 -1의 법칙'을 권한다.

초·중·고등학교의 여름방학은 지역에 따라 차이가 있으나 대체로는 8월말에 끝난다. 그리고 재미있게도 아이들이 여름방학 숙제를 마치는 날도 대부분 방학이 끝나기 바로 직전이다. 나도 학창시절 방학이 끝날 때쯤 숙제도 끝냈다. 즉 거의 모든 아이들에게는 숙제를 먼저 끝내고 놀자는 계획이 없다. 설사 숙제를 해볼까 하는 생각이 들어도 그때마다 아직 방학이 많이 남아 있다며 미루다 보면 어느덧 마지막 날이 되어버리는 것이다.

회사 업무 처리에서도 이런 습관을 보이는 직원들이 많다. 일 처리를 여유 있게 하지 않고 방학 숙제하듯 빠듯하게 끝내는 모습은 누가 보아도 좋지 않다. 그렇기에 이 습관을 고치는 것만으로 역산 평가를 역이용할 수 있는 찬스가 생긴다.

'주의를 기울여 업무를 완료하려다 보니 늘 빠듯해진다'라고 말하는 사람도 있겠지만 그것은 변명에 불과하다. 주의 깊은 업무 처리와 빠듯한 완료 시기는 별개의 문제라고 할 수 있기 때문이다. 여유를 가지고 주의 깊게 업무를 완료할 수 있도록 노력하면 된다.

그리고 아무리 주의 깊게 업무를 하더라도 일정이 빠듯하다면 재검토할 시간이 없어 실수가 생기게 마련이다. 재검토가 실수를 줄이는 가장 확실하고 안전한 방법이므로 마감일보다 업무를 미리 끝내 재검토 시간을 확보하자.

또 정해진 시간보다 일을 빠르게 끝내는 모습은 '업무 능력이 뛰어나

당신은 회사의 평가에 만족하십니까?

다'라는 인상을 주므로 상사는 중요한 일을 맡길 만한 직원으로 판단하고 총애하게 된다. 즉 주어지는 업무에서도 큰 프로젝트에 참여하는 등의 운이 따를 수 있어 남보다 높은 평가를 받을 기회가 생긴다.

'업무는 빠르게, 실수는 적게'라는 생각은 어느 회사, 어느 조직에서나 통한다. 그러기 위한 첫걸음은 재검토를 포함하여 정해진 시간보다 빨리 끝내는 노력을 하는 것이다. 하루 빠른 업무 완료가 일상화되면 다음은 이틀, 사흘과 같이 더욱 여유를 가지고 해나가게 된다.

완료일보다 하루 빨리 업무를 끝내도록 노력하는 것은 여러 가지 업무에 능통해야 하는 멀티태스킹보다 쉽다고 할 수 있다. 역산 평가에서 유리해지기 위해서는 스스로 납기일을 하루 당겨보는 노력을 해보자. 상상 이상의 효과를 볼 수 있을 것이다.

■ '피크엔드 법칙'을 역으로 이용하라!

미국의 심리학자이자 프린스턴 대학교 명예교수인 대니얼 카너먼 Daniel Kahneman 박사는 1999년에 피크엔드 법칙 peak-end rule 이라는 독특한 연구 결과를 발표했다. 사람이 어떤 사건이나 경험을 평가할 때 가장 극적인 순간과 마지막 순간에 의존한다는 내용이다. 나는 이 피크엔드 법칙을 알고 매우 놀랐다. 인사 평가는 바로 피크엔드 법칙과 같기 때문이다.

평가할 시기가 오면 먼저 부하 직원의 최근 1년 동안 또는 반년 동안의 일하는 모습을 되돌아본다. 그때 매월의 일을 균등하게 기억해내는 것이 아니라 옳고 그름은 별개로 눈에 띄는 사건에 대한 기억에 눈이 가버리게 된다. 마찬가지로 최근에 강한 인상을 남긴 사건이 있었다면 그 사건의 좋고 나쁨에 따라 1년의 평가가 좌우되기도 한다. 바로 피크(정점)나 엔드(최근)가 평가에 큰 영향을 준다는 것이다.

이것이야말로 예외 과장 평가가 된다. 평가 대상 기간의 평균이 아닌 피크나 엔드의 예외로 평가 전체가 흔들려버리는 것이다.

그러면 이 피크엔드 법칙을 역으로 이용하기 위해서는 어떤 노력이 필요할까?

1년에 한두 번이라도 눈에 띄는 성과를 내거나 업무 능력이 돋보일 수 있게 계획하고 실천하는 것이 효과적이다.

예를 들어 전사적으로 중요한 업무가 주어졌다면 그 타이밍을 놓치지 않고 평소의 두 배 정도 일에 집중하여 얼마나 성실히 업무에 임하는지 보여주는 것도 한 방법이다. 또는 지난 1년이 평범했다면 남은 시간이라도 남보다 빨리 출근하고 주어진 업무를 빠르게 처리하며 성과를 내기 위해 노력하는 모습을 보이면 그 모습이 잔상이 되어 반드시 인상에 남는다.

'좋은 평가를 받으려고 그렇게 속보이는 짓을 해야 하나'라고 생각하는 사람이 있을지도 모른다. 하지만 좋은 평가를 받기 위해 일을 더 열심히 하는 것은 속보이는 짓이 아니라 자기 발전을 꾀하는 것이다. 또 평소보다 더 부지런하게 일하되 시기를 적절히 이용하자는 것이다. 실적이 좋지 않다고, 내세울 게 없는 한 해였다고 지레 낮은 평가를 예상하기보다 내가 가진 여건에서 최선을 다해 노력해보자.

아무것도 하지 않는 어리석은 선택만은 하지 말자. 평가 에러를 긍정적으로 유도하려는 노력조차 하지 않고 그저 불만만 쌓지 마라. 무엇보다도 중요한 점은 목표를 정하고 도전하는 정신이 현재를 극복하는 에너지가 되어 플러스 효과를 낸다는 것이다.

또한 피크엔드 법칙은 재미있는 사실을 시사하고 있다. 그것은 피크도 엔드도 아닌 평범하게 일을 하고 있는 사람은 예외 과장되는 부분이 적으므로 높은 평가를 얻기 어렵다는 것이다. 눈에 띄지 않게 일하는 사람의 평가가 비교적 평범하고 화려하지 않기 쉽다는 사실은 피크엔드 법칙에 의해 역설적으로 증명된다.

모든 방법을 동원하여
사내 평판을 개선하라!

그다음으로 논리적 오류를 역으로 이용하는 방법에 대해서 설명하겠다. 그중 한 가지가 사내 평판 개선 노력이다. 평가자가 일부러 혹은 장난으로 평가 에러를 일으키고 있는 것은 아니다. 대부분의 사람은 평가제도에 따라 성실하게 평가하고 있으나 인간적인 '정情'이나 '감感'을 100% 배제하기 어렵기 때문에 결과적으로 여러 가지 평가 에러가 일어나는 것이다.

더욱이 경영자 이외의 평가자는 자신도 상사로부터 평가를 받는 중간관리자의 입장이기도 하여 '사람을 보는 눈이 없다'는 평가 역시 두려워하므로 되도록 객관적인 평가를 하려 노력한다. 이런 까닭에 사내 평판이 좋은 부하 직원에게 상대적으로 낮은 평가를 부여하는 것은 확고한 신념이 없는 한 불가능하다. 평가자가 평가할 때 그다지 업무에 공헌하고 있는 느낌이 없더라도 '사내 평판이 좋은 것은 그만큼 능력이 있다는 의미겠지'라는 논리적 오류에 빠져버리기 때문이다.

내 경험으로 정리한 사내 평판을 개선하기 위한 구체적인 방법은 다음과 같다.

■ 업무 자세부터 바꿔라

다른 사람 이상으로 업무 능력을 발휘하는 것은 사내 평판을 개선하는 왕도다. 이 말에 "그게 되면 고생하지 않지" 하고 한숨을 쉬는 사람이 있을 것이다. 하지만 더 진지하게 일과 마주한다면 누구나 지금 이상의 업무 능력을 발휘할 수 있다.

내 경험으로 말하면 본래 업무 능력의 개인차는 그리 크지 않다. 좋은 상사를 만나게 되어 비약적으로 업무 능력이 올라가는 일이 있으나 그것은 갑자기 능력이 향상됐다기보다 훌륭한 상사를 만나 본래 가진 능력이 배가된 것이라고 보는 게 맞다.

즉 능력의 개인차보다도 일에 대한 자세의 차이가 더 크다는 것이다. 제대로 일에 집중하고 노력한다면 논리적인 오류의 도움 없이도 평가는 높아진다.

다른 사람 이상으로 업무 능력을 발휘할 수 있도록 늘 노력하는 자세를 보이자.

진지하게 일에 임하는 당신의 모습을 보고 평가자는 '이렇게 열심히 하고 있으니 결과도 최상임에 틀림없어'라고 생각할 것이며 행여 결과가 따르지 않더라도 '이번에는 운이 나빴을 거야'라고 판단할지도 모른다. 이것이 비록 논리적 오류라 할지라도 낮은 평가를 피할 가능성을 높일 수 있으며 또 이렇게 꾸준히 노력하다 보면 반드시 업무 능력이 향상될 수밖에 없다.

■ 아침 일찍 출근하는 것은 의욕을 보여주는 가장 쉬운 길이다

아침 일찍 출근하는 것은 업무에 대한 의욕을 어필해 논리적 오류로 높은 평가를 얻기 위한 노력 중에서 가장 쉽게 할 수 있는 일이다.

아침 일찍부터 일을 시작하는 자세는 상사는 물론 주위 사람의 '정情'을 이끌어내는 최고의 행동이다. 일찍 출근하는 것만으로 의욕이 높음을 보여주는 효과가 있기 때문이다. 뿐만 아니라 실리적인 면에서도 아침 일찍부터 일을 시작하면 시간에 여유가 생겨 평소보다도 업무 효율성이 높아지는 경우가 많기에 정말 '능력 있는 사원'이 될 가능성도 함께 높아진다. 이것이야말로 일석이조다.

'상사가 늦게 출근한다면 의미가 없는 것이 아닌가?'라며 이런 노력 자체를 부정하는 사람이 있을지도 모르나, 의미가 있든 없든 우선 해보는 것이 중요하다.

"해보시라! 안 해보면 모른다"라는 토리이 신지로 鳥井信治郎(산토리 창업자)의 유명한 말이 있는데 그야말로 이러한 사고가 중요한 것이다.

■ 사내 행사나 이벤트에 적극적으로 참가하라!

앞에서도 이미 말했지만 업무 능력의 차이는 일을 대하는 태도에서 부터 시작된다고 할 수 있다. 주어진 업무에 즐겁고 적극적인 태도로 임하는 사람으로 인식되기 위해 사내 행사나 이벤트에 열심히 참여하면 어떨까? 당장 업무 능력을 높이는 것은 어렵더라도 이런 부분은 상대적으로 쉽게 시도해볼 만하다. 일에 즐겁고 적극적인 태도를 갖고 있는 사람은 사내 행사나 이벤트에도 열심이기 때문이다.

그러면 평가자로 하여금 '사내 행사와 이벤트에 적극적으로 참여하는 모습을 보니 일도 잘하고 매사에 열심일 게 분명해'라는 논리적 오류를 유발해낼 가능성이 높아진다. 실제로 내가 샐러리맨 시절이었을 때 회사 운동회에서 비슷한 일이 생겼다. 평소 그다지 눈에 띄지 않았던 사원이 장거리 달리기 경주에서 1등을 했는데 이후 사람들이 그를 보는 눈이 확실히 달라진 것을 느낄 수 있었다.

행사 운영 요원 등으로 활약하는 것도 좋다. 보통 부서에 상관없이 운영 요원이 꾸려지므로 타 부서에도 자신을 어필할 찬스이기도 하다. 여러 부서에서 좋은 평판을 받는다면 평가자가 이를 의식하여 낮은 평가를 주기 어렵게 되는 효과가 생긴다.

■ 험담이나 비방은 절대 금하라!

직장의 술자리는 뒷담화의 공간처럼 여겨지기도 한다. 그만큼 회사와 상사, 동료에 대한 험담과 비방을 하는 것이 일반화되어 있다. 스트레스를 풀기 위해 이런 뒷담화도 필요하다고 생각하는 사람도 있겠지만 뒷담화는 결국 당사자의 귀에 들어가 상처를 주고 부메랑이 되어 자신에게 돌아오기 마련이다. 또 그 자리에서는 동조하던 사람도 속으로는 남의 험담이나 비방을 늘어놓은 당신을 신뢰할 수 없다고 생각하고 경계하는 마음을 갖는다.

이렇듯 어떤 의도로 시작했던 뒷담화는 조직의 불신을 초래한다. 결국 타인에게 상처 주는 발언을 하지 않는 사람이 조직에서 귀중한 인재가 된다. 그러므로 아무리 화가 나고 억울한 상황이라도 험담이나 비방은 삼가도록 노력해야 한다.

이런 노력은 저 직원은 '투덜대지 않는다'라는 이미지를 만들고 이것은 '신뢰할 수 있다'는 생각과 겹쳐지며 '일을 맡길 수 있겠다'로 연결되고 최종적으로 '업무 능력도 뛰어나다'는 논리적 오류를 일으키게 할 가능성이 높다.

무엇보다 험담이나 비방을 하지 않는 사람은 품성이 좋은 사람이므로 업무 능력에 약간의 결점이 있어도 늘 곁에 두고 싶은 부하 직원이 된다. 좋은 품성은 그만큼 가치 있는 것이기 때문이다.

■ 업무를 공유하고자 하는 동료가 있다면 돕고자 하는 의사를 표시하라

최근에는 나눔과 봉사 활동에 대한 이해가 깊어지고 이에 가산점을

주는 회사도 느는 추세라 면접 시 봉사 활동 경험을 적극적으로 알리는 것이 일반적이다. 자발적으로 곤란한 사람들을 돕는 봉사 정신이 강한 사람 역시 좋은 인상을 주기 때문이다.

내가 권하는 것은 사내 봉사 활동이다. '내 일만으로도 힘들어, 다른 사람의 일을 도울 여유 따윈 없어!'라고 생각하지 말고 "제가 뭐 도와드릴 일은 없을까요?" 하고 도움의 손길을 내밀어보는 것은 어떨까.

때로는 "어떻게든 혼자서 해볼 테니까, 마음만이라도 받아두겠습니다" 하고 거절을 당하는 경우도 있다. 그렇다 하더라도 제안한 것 자체가 좋은 인상을 주게 되어 사내 평판이 높아질 가능성이 있다. 반대로 부탁을 받았다면 열심히 도와야 한다. 쓸데없는 일을 떠맡았다는 생각은 하지 말고 '어떤 일에서든 배울 점이 있다'라는 마음자세를 가지고 열심히 한다면 훌륭한 자기 계발의 기회가 될 것이다.

또 사내 봉사를 위한 시간을 만들기 위해 평소보다 빠른 업무 처리를 궁리하게 되고 따라서 업무의 창의성이 높아진다. 이것은 결국 업무 능력 향상으로 이어진다.

이상으로 다섯 가지 사내 평판 개선 방법을 알아보았다. 이 방법 외에도 직장에서 사내 평판이 좋은 사람을 관찰하여 다른 것도 찾아 시도해보자. 사내 평판을 개선시키기 위한 노력은 인간관계 형성에서도, 업무 능력 향상에서도 매우 큰 도움이 되므로 시도해서 손해 볼 것이 없다.

마지막으로 대비 오차를 역으로 이용하는 방법을 알려 줄 차례이지만 사실 조언할 것이 거의 없다. 왜냐하면 다른 평가 에러만큼 역이용할 수 있는 방법이 많지 않기 때문이다.

내가 조언할 수 있는 방법은 평가자가 본인을 기준삼아 평가하고 있다면 평가 대상자는 평가자의 스타일과 능력을 닮고자 노력하여 평가 에러를 유발시키라는 정도다. 따라서 인상을 좋게 하거나 편애받을 수 있도록 노력하는 등 다른 평가 에러를 유발하는 데 집중할 것을 권한다.

장점을 키우려는 노력보다
부족함을 채우는 데 우선 주력하라

이번 장의 마지막은 평가 에러를 역으로 이용하는 방법이 아니라 정공법을 이야기하고자 한다. 먼저 평가 항목과 평가 결과를 다시 한 번 보자. 그리고 자신의 평가 중에 낮은 순으로 20~30% 정도가 되는 평가 항목을 골라낸다. 이 항목이 개선해야 할 목표다.

자주 '장점을 키워라'라는 말을 듣는데 평가를 끌어올리는 데에는 장점, 즉 잘하는 것을 더욱 잘하게 하는 것은 의미가 없다. 5점 만점 평가에서 4점인 장점 항목을 5점으로 끌어올린다면 1단계만 올라갈 뿐이다. 반면 2점이나 1점 평가를 받은 부족한 항목을 3이나 4점으로 끌어올리면 전반적인 평가 상승의 가능성이 있다.

플로리다 주립대학교의 심리학 교수인 앤더스 에릭슨K. Anders Ericsson은 "전문성을 향상시키고자 한다면 자신의 부족하고 서툰 부분을 반복해서 훈련하는 수밖에 없다"고 말했다. 입사 후 부서가 결정되어 배치된 시점에서 '주어진 업무를 한다는 것'은 해당 부서에 맞는 전문 지식을 습득하여 그 전문성을 갈고닦는 것을 의미한다. 즉 그 속에서 성장하기 위해서는 자신이 부족한 부분을 채우기 위해 반복해서 훈련하는 수밖에 없는 것이다.

이것이 좋은 평가를 받는 정공법이다. 부족한 평가 항목 중에서 먼저 개선해야 하는 항목을 선택하고 그 항목에 해당하는 능력을 키우기 위한 훈련을 반복한다.

이때 부족한 항목 모두를 한번에 개선하려는 욕심은 버리는 것이 좋다. 개선해야 하는 범위를 너무 넓게 잡으면 해야 할 일이 많아 집중하지 못해 초조해지고 더욱 스트레스를 받을 수 있다.

엉킨 실타래를 한 가닥 한 가닥 풀어가는 것처럼 개선해야 할 평가 항목에 우선순위를 부여하고 달성 목표를 정해서 순서대로 해결해가는 방법이 현실적이다. 그야말로 '바쁠수록 돌아가라'는 것이다.

여기서 제시하는 승진을 위해 평가를 높이는 사고, 방법론, 구체적인 실행 방안 등은 어느 것도 하루아침에 효과가 나타나지 않는다. 시간과 노력이 요구되는 일이다. 하지만 평가 스트레스는 사정을 봐주지 않고

당신은 회사의 평가에 만족하십니까?

매일매일 우리를 덮쳐온다. 그것을 해결할 또 다른 지혜와 방법이 필요하다.

다음 장에서는 평가 스트레스를 줄이는 방법에는 무엇이 있는지 알아볼 텐데 출발은 평가 제도 자체를 분석해보는 것이다. 평가 제도를 제대로 아는 것이 평가 스트레스 감소의 시작이라는 점이 지금은 이해하기 어렵겠지만 다음 장을 다 읽고 나면 깨닫게 될 것이다. 지금까지와는 전혀 다른 시각으로 평가를 바라볼 수 있기 때문이다.

평가 제도의
한계를 알면
승진의
길이 보인다

"

평가에 일희일비하지 마라!
지금 내게 주어진 평가는 어디까지나
과거에서 현재까지의 평가일 뿐이며,
미래의 잠재 능력을 포함한 것이 아니다.
지금부터 나의 장래성과 성장 가능성을 보여주면
평가는 언제든지 바뀔 수 있다.

"

평가 제도에는 절대로 넘을 수 없는 여섯 개의 벽이 있다

평가 제도는 세상의 변화에 따라 진화해왔다.

1950년대 이후 시작된 고도 경제성장기에는 인적 자원 확보가 최우선이었기에 직원들 사이의 불만을 줄이고자 동기간의 승진과 보상을 원칙적으로 동일하게 적용하는 '연공서열제'가 주축을 이루었다.

그러나 1970년대 오일 쇼크 이후 경기 불안을 겪으면서 평가 기준 역시 능력을 우선으로 하는 제도로 변화했다. 입사 연차, 나이, 근속 연수 이외에 개인의 능력을 평가 항목에 추가한 것이다. '능력이 있는가 없는가'가 중요한 기준이 되므로 현실적으로는 일부 우수한 사원을 확보할 목적으로 사용되던 것이 대부분이었다.

이후 1990년대 버블 붕괴와 IMF 사태를 계기로 '성과주의' 평가제로 전환하는 기업이 늘기 시작했다. 이는 유능한 인재를 뽑아 활용하고 싶지만 인건비 부담을 일정 수준으로 유지하고자 하는 기업의 자구책이었다. 성과주의 평가 제도란 주어진 업무에 대한 '실적'을 평가하여 급여에 적용하는 것을 말하는데 업무 성과의 결과에 따라 보상하고 평가한다는 신상필벌 信賞必罰 형식의 평가 제도라고도 할 수 있다.

그리고 현재의 시점에서는 성과주의 평가 제도에 대한 재검토가 이루어지고 있는데 그 이유는 기업이 지나친 성과주의로 인한 폐단을 깨닫기 시작했기 때문이다. 단적으로 말하자면 잘해야 본전이고 과거와 같은 경제 성장을 기대할 수 없는 지금의 실정으로 성과에 따른 보상을 크게 기대할 수 없으므로 대다수 직장인이 급여나 업무에 불만을 갖게 된 것이다. 또한 다양한 영업 채널과 이를 지원해야 하는 관리 영역 등 회사의 조직이 고도로 복잡해진 현대 사회에서 팀과 개인의 성과를 구분하여 적용하기가 어려워졌다는 사실도 이유가 될 수 있다.

이렇게 평가 제도가 재검토되고 있는 것은 좀 더 합리적인 평가 제도를 만들려는 목적에서다. 그렇지만 평가 제도가 아무리 진화하고 평가자 훈련이 더 철저하게 실행되더라도 절대로 넘을 수 없는 벽이 존재한다. 그것은 다음의 여섯 가지로 정리할 수 있다.

당신은 회사의 평가에 만족하십니까?

평가 제도의 여섯 가지 넘지 못할 벽

① 잠재 능력(장래성) 평가

② 특수 능력(창조성) 평가

③ 대소 역전 상황[01]의 평가

④ 평가 항목의 채점 배분

⑤ 부문 간의 평가 계수

⑥ 인간성 평가

자, 이제부터 각각의 결점을 검증해보기로 하자.

---

[01] 평가 대상자의 능력이 평가자의 능력을 상회하고 있는 상황을 말한다.

평가는 평가 대상자의
잠재 능력까지 평가할 수 없다

지금의 평가는 정해진 기간 동안의 실적이나 업무 능력에 준해 매겨진다. 아무도 사람의 잠재성과 미래 평가는 쉽게 할 수 없고, 기준도 없다. 그렇기에 현재의 평가에는 나의 가치나 미래 가능성은 들어가 있지 않음을 명심해야 한다.

자칫 현재의 평가를 자신의 가치에까지 결부시켜 자존감에 상처를 입고 좌절해서는 안 된다. 현재의 평가가 아무리 형편없더라도 개선하고자 하는 본인의 의지와 노력만 있으면 이후 평가 결과는 얼마든지 달라질 수 있다.

미래 가능성, 즉 잠재 능력의 평가는 현재의 결과만으로는 알 수 없기에 지금의 평가 제도로는 해결할 수 없는 한계를 가지며 이는 현 평가 제도의 최대 결함이라고도 할 수 있다. 그렇지만 이런 점에 분노하고 스트레스를 받아봤자 어떻게 개선될 수 있는 부분이 아니다.

따라서 당장에 낮은 평가를 받았다고 스트레스를 받을 필요가 없다. 모든 것은 편하게 생각하면 그뿐이다. '내게 주어진 이 낮은 평가는 어디까지나 과거에서 현재의 평가일 뿐이며, 미래의 잠재 능력까지 포함된 것이 아니다. 나의 잠재 능력과 성장 가능성을 지금부터 보여주면 된다'라고 생각하고 스스로를 독려하는 계기로 삼자. 이렇게 사고의 관점을 바꾸는 것만으로도 평가 스트레스가 다소는 줄어들 것이 틀림없다.

다만 장래성과 성장 가능성은 그저 막연히 기다리기만 해서는 가질 수 없으므로 업무 능력을 높이는 노력을 게을리 해서는 안 된다. 지금 자신에게 주어진 일을 신속하고 정확하게 소화하려고 애써야 한다. 일을 효율적으로 진행하고 매끄럽게 움직이기 위한 지식과 응용기술을 습득하지 않는다면 언제까지고 잠재 능력은 발휘되지 않는다.

이것은 날카로우며 번뜩이는 아이디어를 갖고 있는 사람 모두가 위대한 발명가가 될 수는 없는 것과 같은 논리다. 그 번뜩이는 아이디어를 다른 사람에게 이해시키기 위해서는 고도의 수학적 지식이 필요한데 수학적 지식이 뒷받침되지 않는다면 아무리 훌륭한 발명이라도 이론으로 전달할 수 없기 때문이다. 결론적으로 잠재 능력을 실현화하는 엔진이 지식인 것이다. 나는 지식의 중요성을 마음속 깊이 실감했던 적이 있다.

사회생활 2년차 정도에 있었던 일로 기억한다. 나는 영업 실적이 최고였던 때 단지 주어진 상품만 팔지 않고 상품 개발에 관한 기획 아이디어도 자주 기술 파트에게 전달했다. 마트에서 판매하기 쉬운 상품을 자체적으로 개발하여 판매 수익을 높이는 긍정적인 순환 구조를 만들어보려 했던 것이다.

그때 배운 것이 아이디어를 실행에 옮기기 위해서는 확실한 지식이 뒷받침되어야 한다는 점이다. 내 아이디어가 얼마나 뛰어나고 실용성이 높은가를 기술 파트는 물론 외부 거래처에도 납득시켜야 한다. 그것은 열정만으로는 전해지지 않는다. 상대를 이해시키려면 이론적으로 표현 가능한 설명이 필요한데 그것은 지식으로부터 나온다.

또한 나는 케이블 방송 가입 촉진 영업을 하고 있을 당시에도 '편리합니다', '저렴한 비용으로 가입이 가능합니다'라는 흔하고 식상한 멘트는 배제하고 고객의 관심에 맞춘 영업이 되도록 필요한 지식을 모두 외워서 활용했다. 예를 들어 소리 전반에 관한 과학적인 지식(음악요법 이론, 마스킹 이론 등), 방송과 통신에 관한 기술 이론과 법률, 고객을 위한 지식(일반 소매업의 인스토어 머천다이징 이론, 프랜차이징 이론, 점포 내 매니지먼트 이론 등), 영업에 도움이 될 만한 지식을 내 것으로 만들기 위해 열심히 공부했던 것이다.

결국 이 지식들이 내가 기획한 아이디어를 상품화하는 데 중요한 원동력이 되었음은 물론이다. 풍부한 지식을 겸비하고 이론으로 무장하고 있지 않았다면 어떠한 사내 파트는 물론 회사 밖의 거래처에서도 내

당신은 회사의 평가에 만족하십니까?

아이디어를 제대로 받아들여주지 않았을 것이다. 그것이 세상의 상식인 것이다.

논리 무장을 하든 하지 않든, 아이디어 자체는 동일하다. 같은 아이디어임에도 지식적인 기반이 불충분하고 또 이를 제대로 설명하지 못하면 단순히 즉흥적인 공상으로밖에 받아들여지지 않는 것이다.

다시 말해 '이론적인 설명을 할 수 있는 지식', '결정하는 쪽을 납득시킬 수 있는 지식'이 없는 한 미래의 이익 창출이 가능한 아이디어로 선택받을 수 없다. 그렇게 사장되는 아까운 기획 아이디어가 얼마나 많겠는가. 그렇기에 자신의 장래성을 믿고 잠재 능력이 발휘되는 때에 최대한의 결과를 끌어낼 수 있도록 '지금'부터 준비를 해두어야 한다.

평가 스트레스 때문에 의기소침할 시간 따위는 없다.

창조성을 발휘하는 특수 능력을
평가하는 것에는 한계가 있다

회사에는 다양한 성격과 유형의 사람들이 존재한다. 다루는 업무, 관리하는 조직, 환경 등의 차이로 인해 요구되는 역할과 능력이 다르기 때문이다. 나는 회사가 필요로 하는 인재를 세 가지 유형으로 분류해보았다.

- 실무 인재 정해진 것을 신속하고 정확히 실행할 수 있는 인재
- 응용 인재 실무 능력이 뛰어나고 주어진 조직을 움직이는 전술에도 밝은 인재
- 창조 인재 과거·현재와는 별개로 불연속적인 미래 전략을 구상할 수 있는 인재

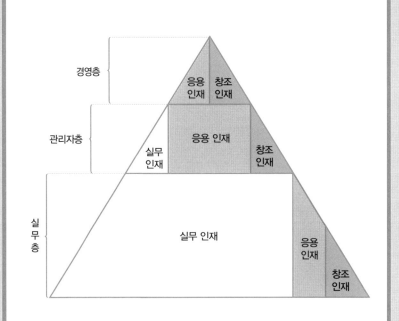

실무 인재와 응용 인재는 능력의 연속성이 필요하나
창조 인재는 필요로 하지 않는다.

창조 인재는 단순 평가법으로는 간파할 수 없다!

이러한 인재의 적정 배치를 이미지로 만든 것이 앞 쪽의 히에라르키Hierarchy(서열적 상하관계 구조표)다. 히에라르키는 조직, 집단질서, 개인에 있어서의 권력, 신분, 기능적 상하, 서열관계가 정리된 피라미드형의 체계를 뜻하는 말로 위계位階, 계통階統 등으로 번역된다.

어디까지나 이미지이므로 각각의 양적 배분이 꼭 그림대로여야 한다는 것은 아니다. 중요한 점은 실무 파트에는 실무 인재가 가장 중요하며 관리자 파트에는 응용 인재 그리고 경영 파트에는 회사의 환경에 따라 창조 인재가 필요한 경우와 응용 인재가 필요한 경우가 있다는 것이다.

또한 실무 인재, 응용 인재, 창조 인재 사이에는 서열이 없다. '직업에는 귀천이 없다'는 말이 있는데 이를 응용해보면 '인재 유형에도 귀천이 없다'. 유형에 따라 그 능력을 발휘해야 할 히에라르키의 포지션이 다를 뿐이다.

평가 제도는 '현재'의 업무 능력과 연계된 것을 분석하므로 평가자는 평가 대상자가 실무 인재인지 응용 인재인지 구분하여 판단할 수 있다. 물론 평가 에러가 많이 생기는 경우라면 알 수 없지만 말이다.

그러나 잠재 능력을 측정할 수 없는 평가 제도에서 창조 인재를 구별해내기는 불가능하다. 감으로 알아낼 수밖에 없다. 그 이유 중 하나는 실무 인재와 응용 인재 사이에는 능력의 연속성이 있으나 응용 인재와 창조 인재의 사이에는 없기 때문이다.

즉 응용 인재란 실무 인재이며 최악의 조건과 환경에서도 조직을 움직이는 전술에 밝은 인재를 말하지만 창조 인재가 꼭 응용 인재의 조건을 갖춰야 하는 것은 아니다.

음악을 예로 들면 피아노로 즉흥 연주를 할 수 있는 사람(응용 인재)은 악보를 볼 수 있는 것은 물론 악보 그대로 연주할 수 있으며 작곡도 가능하다(실무 인재). 하지만 피아노를 못 치는 사람이더라도 명작곡가(창조 인재)는 될 수 있다. 창조 인재란 이렇듯 불연속성상에 존재하는 특수한 능력을 가지는 일종의 별종인 것이다.

내가 막 샐러리맨으로 일하기 시작했을 무렵 어느 영업부장이 재미있는 이야기를 해주었다.

"야마구치현에 인상 깊은 양복 체인점이 있는데 영업하러 그 본사에 가보니 아침에 직원 모두가 체육관 같은 곳에 모여 체조를 하고 있지 뭐야. 회사라기보다는 무슨 학교 운동부 같은 인상이었어. 아직도 이런 회사가 있구나 하는 느낌이었지. 사장은 그다지 사교적이지 않고 조용한 사람이었어."

이 사장이 바로 유니클로의 야나이 타다시 柳井正 [02] 였다. 유니클로가 유명해지기 훨씬 전의 이야기인데 당시 묘하게도 영업부장의 말이 머릿속에서 떠나지 않았던 나는 지방 출장 중 유니클로 매장을 발견하면 자

---

[02] 세계적인 의류 기업 유니클로의 CEO. 1949년 선친이 하던 옷 장사를 물려받아 일본의 국민 기업으로 성공시켰다. 현재 전 세계 16개국에 1,500개 이상의 매장을 두고 있고 2015년 기준으로 약 1조 3,800억 엔의 매출액을 기록했다.

주 둘러보고는 했다. 그때 유니클로 매장은 도시보다는 교외에 체인점을 많이 두고 있었다.

솔직히 그때 당시 점포를 봐서는 유니클로의 장래성은 전혀 알 수 없었다. 그의 자서전《일승구패 一勝九敗》의 에필로그에는 다음과 같은 흥미로운 문장이 있다.

■ ■ ■

내 어릴 때의 별명은 '야마가와 山川'였다. 다른 사람이 "산 山"이라고 하면 나는 "강川"이라고 했다. 어딘가 심술꾸러기와 같은 부분이 있었다. 나는 다른 사람의 의견에 일부러 부정하려고 들진 않았지만 남의 시각으로 보면 무엇에 대하여서든 부정적인 자세를 취하는 독선적인 사람으로 보였을지도 모른다.

이 이야기를 현 평가 제도에 맞춰보면 유니클로의 야나이 타다시는 썩 좋은 평가를 받을 수 없는 사람일 수 있다. 만약 야나이 타다시 회장이 선친에게서 회사를 물려받지 않고 평생을 샐러리맨으로 지냈다고 한다면 과연 지금과 같은 성공을 이룰 수 있었을까? 유니클로를 세울 수 있었을까? 야나이 회장이 샐러리맨으로 살았다면 일반적인 평가 제도의 희생양이 되었을지도 모른다. 결과적으로는 세계적인 기업가가 될 뛰어난 인재를 놓쳤을 것이다.

당신은 회사의 평가에 만족하십니까?

이렇듯 창조성이 뛰어난 인재를 판단하는 것은 현재의 평가 제도에서는 뛰어넘지 못하는 벽인 것이다. 따라서 현재의 평가가 나쁘더라도 전혀 스트레스를 받을 필요가 없다. 스트레스를 느끼고 있는 시간조차 아까울 뿐이다. 지금의 평가가 내가 갖고 있다고 생각하는 특수한 능력을 부정하고 있는 것은 아니므로 그 시간을 지식 강화에 쏟고 잠재된 능력을 발휘할 수 있도록 단련하는 편이 현명하다.

그리고 그것 또한 현재의 평가를 끌어올리는 또 하나의 포석이 된다.

실무 경험이 없는 상사가
평가하는 경우, 여유를 갖자

지금 내가 경영하는 회사의 주요 사업 부문은 영업 컨설팅이다. 기업의 영업 관리 방법과 영업 노하우를 컨설팅한다. 그런데 어떤 유형의 기업이든 영업에 종사하는 사람이라면 공감하는 부분이 있는데 그것은 영업 실적이 없거나 영업 부문에서 일한 적이 없는 상사에게는 평가받기 싫어한다는 것이다.

이것은 영업이 아닌 다른 분야도 마찬가지일 것이다. 실무 경험이 없는 상사가 제대로 평가를 할 수 있겠냐는 불신을 갖는 것은 어찌 보면 당연한 일이기도 하다.

하지만 실무 경험이 없다는 이유로 그 분야의 매니저가 될 수 없다면 잡로테이션job rotation[03]에 의한 인재 육성은 불가능하다. 또한 경험이 중요한 분야일수록 업무 고정화 현상이 생긴다. 오랫동안 일정한 직무에 종사하면 그 업무에 숙달되기는 하지만 시야가 좁아질 우려가 있으므로 고정화 경향은 그다지 바람직하지 않다.

따라서 개인적인 감정으로는 영업맨들의 이러한 생각을 이해할 수 있지만 조직의 입장에서 보면 반드시 올바르다고 할 수는 없다.

어떤 분야의 실무 경험이 없는 사람이 관리자가 되는 경우 처음에는 평가자보다도 평가 대상자 쪽이 실무 능력이 높은 상황이 발생한다. 나는 실무 경험이 없는 매니저가 실무 경험이 풍부한 부하 직원을 평가하는 것을 '대소 역전 상황의 평가'라고 부른다.

대소 大小란 능력이 상대적으로 크고 작음을 가리킨다. 대소 역전 상황 평가의 한계는 실무 능력이 적은 상사가 실무 능력이 많은 부하를 평가함에 있어 눈에 보이지 않는 오류를 발생시킬 위험성에 있다.

영업 부문에서 사례를 들어보면 거래 상담 능력이 있다. 상담 경험이 없는 관리자는 거래처별 상담 수준을 알 수 없기 때문에 일의 난이도를 제대로 파악하지 못해 때로는 어려운 계약을 체결한 직원보다 상대적으로 일반적이고 간단하며 고정적인 업무를 하는 직원에게 더 높은 평가

---

03 여러 직무를 차례로 경험토록 하여 능력과 자질을 높이는 인재 육성법의 하나로 폭넓은 시야와 판단이 필요한 경영자 육성 방법으로 많이 사용된다. 오랫동안 일정한 직무에 종사하면 업무에 숙달되기는 하지만 시야가 좁아질 우려가 있기 때문이다.

점수를 주는 오류를 범하기도 한다. 상황이 이러니 실무 경험이 없는 상사에게 평가를 받는 것에 불안감을 느끼는 것도 당연하다.

하지만 대소 역전 상황의 평가는 평가자의 실무 경험이 쌓이면서 다소 오류가 해소될 수 있으므로 잠재 능력 판정에 대한 한계와 결정적으로 다르다고 할 수 있다.

어쨌든 대소 역전 상황의 평가를 받을 지경에 놓인다면 평가자의 평가에 너무 반발하지 말고 여유 있게 대처하자. 어느 정도 시간이 지나면 제대로 된 평가를 받을 수 있기 때문이다.

당신이 만약 자신의 의지와는 상관없이 잡로테이션으로 경험하지 못한 분야의 관리자가 되었다고 입장을 바꿔 생각해보라. 자신이 원해서 발령받은 것도 아닌데 부하 직원이 당신이 미경험자라는 데 불만을 갖고 사사건건 반발하는 태도를 보인다면 그것만큼 괴로운 일도 없다.

좀 다른 관점에서 생각해보면 이런 상황은 오히려 높은 평가를 받을 수 있는 찬스가 될 수도 있다. 사람은 누구든지 자신을 인정해주기를 바란다. 경험 없는 이 상사도 자신을 인정하고 도와줄 부하 직원을 바라고 있을 것이다. 익숙하지 않은 부서에 배속받은 불안한 상태의 상사를 인정해주며 보좌를 잘해낸다면 당신의 평가는 당연히 높아질 수밖에 없지 않겠는가?

평가 항목의 채점 배분율에는
근거가 없다

평가 제도의 한계에 대하여 '평가 항목의 채점 배분' 때문이라는 말을 듣고 금방 이해할 사람은 많지 않을 거라고 생각한다. 그러나 나는 '한계'가 아니라 '결함'이라고 말해도 될 정도로 중요한 포인트라고 여긴다. 먼저 채점 배분을 설명하고자 한다.

다음 쪽의 표를 보자. 이것은 일반적인 평가지를 간소화한 것이다. 실제로는 더 다양한 평가 항목으로 세분화되어 있으나 여기서는 설명을 위한 참고자료이므로 간소화했다. 평가축과 항목도 예시이므로 자신이 다니는 회사와 명칭이 다르더라도 양해해주었으면 한다. 채점 배분도 설명을 위한 임의적인 설정이다.

평가축	항목	평점	배분
성과고과	업무 목표 달성도	20점	A
	과제 목표 달성도	10점	B
	일상 업무 성과	10점	C
	합계	40점	D
능력고과	기획력	10점	E
	실행력	10점	F
	개선력	10점	G
	합계	30점	H
정의고과	책임성	10점	I
	적극성	5점	J
	협조성	15점	K
	합계	30점	L

note

■ **성과고과** 업무 목표를 설정하고 목표 도달 정도를 평가하는 항목

■ **능력고과** 주어진 업무를 수행하는 능력이 어느 정도로 갖춰져 있는가를 평가하는 항목

■ **정의고과** 조직에서 일하는 자세를 평가하는 항목

당신은 회사의 평가에 만족하십니까?

먼저 3대 평가축을 간단히 알아보자.

'성과고과'는 업무 목표를 설정하고 목표 도달 정도를 평가하는 축이다. 영업 부문과 같이 목표 설정을 수치화하기 쉬운 경우는 평가 에러가 일어날 요소가 적으나 총무나 인사 관리 부문처럼 수치화하기 어려운 때는 세밀한 사실 측정 데이터를 쌓는 시스템이 뒷받침되지 않은 한 사실상 많은 평가 에러가 발생할 것이다.

'능력고과'는 주어진 업무를 수행하는 능력이 어느 정도 갖춰져 있는 가를 평가하는 축이다. 따라서 담당하는 업무 내용이나 포지션에 의해 평가 항목은 달라진다. 예를 보면 기획력, 실행력, 개선력의 평가 항목을 들고 있는데 이러한 능력의 수치화는 대단히 곤란한 작업이다.

기획력을 생각해보자. 먼저 기획력을 판정하기 위한 기준 항목을 명확히 해야만 한다. 기획서의 내용, 작성 속도, 쪽수(관공서는 실제로 부피를 중요시하는 경향이 있다), 제목 선정, 프레젠테이션의 알기 쉬운 구성 · 재미 · 소스source 데이터의 양, 기획 아이디어의 제출 건수 등이 있다.

그런데 기준 항목을 이렇게 설정해놓아도 간혹 공정한 평가가 불가능한 경우가 생긴다. 예를 들어 모든 기준 항목에서 최하위점을 받은 사원의 엉성한 기획안이 우연히 회사의 장래를 좌우할 만한 중요한 결과를 가져온 경우 어떻게 평가하는 것이 제대로 된 것이라 할 수 있을까? 반대로 평가 기준 항목의 합계는 최고점이나 실제로 회사와 부문의 업적에 영향을 가져온 기획이 전혀 없는 경우는 어떻게 해야 할까?

마치 모든 면에서 최고점을 받은 미대생이 미래에 사람들을 감동시킬 그림을 그릴 수 있는가를 단언할 수 없는 것과 동일하다.

'정의情意 고과'는 조직에서 일하는 자세를 평가하는 축이다. 나는 애당초 사람이 사람을 정의고과로 평가할 수 있는지 심히 의문을 가졌다. 예를 들어 앞 평가지에서는 책임성이라는 항목이 있는데, 책임감이 있는지 없는지를 어떻게 확인할 것인가? 그렇다고 문제가 일어나면 "제가 책임지겠습니다" 하고 표명하는 사람이 정말 책임감이 강한 것일까?

책임감이 있는 것 같아 보이지도 않고 그런 말을 전혀 하지 않지만 묵묵히 사태의 회복에 힘쓰는 사람의 책임감도 정확히 평가할 수 있는가? 여러 가지 난제가 생길 수밖에 없다.

이제 '평점 배분'이라는 본론으로 들어가 보자. 먼저 앞의 표에서 배분 D, H, L을 보자. 이것은 성과고과, 능력고과, 정의고과의 배분율을 나타낸 것이다. 4대 3대 3의 비율이 바르다고 어떻게 말할 수 있을까.

'5대 3대 2가 타당한 것이 아닌가'라는 배분율 자체를 문제로 삼고 있는 것이 아니다. 내가 말하고 싶은 것은 '성과' 대 '능력' 대 '정의'의 각 평가 항목의 점수에 상한선을 설정하는 것 자체가 논리적 파탄을 불러온다는 점이다.

예를 들어 성과고과의 모든 목표 달성도가 300%, 500%라는 결과를 내고 있는 사람의 경우라도 표에서는 40점 이상의 결과가 나오지 않는

당신은 회사의 평가에 만족하십니까?

다. 극단적으로 예를 들자면 표에서의 업무 목표 달성도, 과제 목표 달성도, 일상 업무 성과의 세 항목을 빠듯하게 달성하고 있는 사람도, 대부분의 항목 모두 500% 이상의 결과를 내고 있는 사람도 결과적으로 동일하게 40점이 되는 것이다.

능력고과도 마찬가지다. 발군의 능력을 가지고 있는 사람이라도 30점이상은 받을 수 없다. "아니, 그럴 경우에는 평가 결과를 무시하고 오너가 파격적인 승진을 시키면 되지 않느냐"라는 목소리가 들릴 듯한데, 이 발상은 평가 제도의 존재 그 자체를 부정하는 운용이 되어버리기에 그것은 또 그것 자체로 문제다.

만약 평가축이 성과고과만이라면 상한선을 정하지 않는 게 불가능한 일도 아니지만 애초에 평가 제도는 평가축을 복수로 설정해 다양한 시점을 가지고 점수를 매기는 형식으로 진화해왔으므로 성과고과만으로 가점을 주는 방식도 받아들이기 어렵다.

또한 평가축과 각 평가 항목의 평점 배분에서도 동일한 문제 제기를 할 수 있다. 표에서는 E, F, G의 배분이 모두 10점이다. 기획력, 실행력, 개선력이 동등한 중요성을 갖는다는 의미인데 그것은 무엇을 근거로 판단하고 있는 것인가. 이것이 5점, 5점, 20점의 비율이라도 마찬가지다. 개선력이 기획력, 실행력보다 네 배 중요한 평가 기준이라는 근거는 무엇인가.

여기에 평점 배분의 한계가 있다.

평가 항목과 평점 배분율을 정하는 것 자체가 정합성이 없다는 것이다. 나는 이것을 깨달은 뒤로 평가 스트레스를 겪는 사람들에게 그럴 필요가 없다는 메시지를 강하게 보내고 싶었다. 평점 배분에 한계가 있을 뿐 아니라 모순이 가득한 '평가 제도'라는 사상누각 따위에 고뇌하는 것은 너무나도 바보 같기 때문이다.

그러나 나는 모순으로 가득한 평가 제도라 하더라도 없어지는 게 좋겠다고 주장하는 것이 아니다. 오히려 회사라는 조직에서 유한한 인재를 적재적소에 배치하기 위해서는 어떤 형태로든 평가 제도가 꼭 필요하다고 생각한다.

내가 여기서 말하고자 하는 것은 그저 평가 결과에 일희일비하지 말고 그 한계나 모순을 모두 이해한 다음 본인의 능력을 최대한으로 끌어내기 위해 노력했으면 좋겠다는 점이다. 그것이 평가 스트레스를 줄이는 지름길이라고 믿는다.

당신은 회사의 평가에 만족하십니까?

연계되는 부문 간의 우열은 누구도 결정할 수 없다

내가 영업과장 직책을 맡고 있던 30대 시절 당시의 경험으로는 도저히 이해할 수 없던 일이 있었다. 그때 소속되어 있던 부서는 독립사업부로 영업과, 총무과, 기획과 등 여러 부서로 구성되어 있었고 나는 플레잉 매니저로 개인적인 목표와 함께 부서의 영업 목표도 관리해야 하는 입장이었다. 결과적으로는 개인의 실적은 전국 약 3,000명 중에서 최상위 성적을 유지했고 입사 이후의 평균 목표 달성률은 약 600%를 상회하고 있었으므로 내가 관리하는 영업 부서 역시 늘 상위에 속했다.

그러나 어느 해의 목표 달성 보고 시 각 부문의 팀장을 모아놓고 당시 부장이 발언한 내용에 나는 놀라지 않을 수 없었다.

"이번의 각 팀 평가에서 최고의 업적은 총무팀과 영업팀이 세웠기에 두 팀에 보너스를 주는 것으로 정했다"라는 말이었다. 더구나 "총무팀이 영업팀과 동등한 실적을 세웠다고 수치화할 수는 없지만 나는 총무팀의 경비 절감 노력은 영업부의 노력과 동등하다고 생각한다"라는 말까지 더해졌다.

나는 솔직히 신규 계약과 경비 절감 노력이 동일하게 비교되는 것을 이해할 수 없었다. '결국 현장보다도 관리 부문 쪽이 높은 평가를 받을 수밖에 없는 게 현실이구나' 하고 체념하는 것으로 애써 섭섭한 마음을 가라앉히려고 고생했던 기억이 있다.

당시 영업 부문에 있던 내가 감정적으로 그렇게 생각한 것은 지금도 당연하다고 여긴다. 하지만 이후 임원으로 경영의 일부를 맡게 되고 또 현재와 같이 회사를 직접 운영하다 보니 당시 부장의 판단은 어떤 의미에서 균형 잡힌 결정이었을지도 모른다는 생각을 갖게 되었다.

돌아보면 당시 나는 회사에 직접 공헌하는 영업 부문이 가장 좋은 평가를 받는 것이 당연하다고 여겼다. 그때 내 사고방식은 지극히 영업 부문의 입장에만 쏠려 있었다.

회사는 여러 부서 간의 연계로 운영되고 입장을 바꿔보면 영업만으로 회사가 성장하는 게 아님을 지금은 이해할 수 있다.

여러 부서가 힘을 합쳐 종합적인 회사의 성장이 이뤄진다는 것을 항상 염두에 두고 있으면 평가 스트레스가 줄어드는 것은 물론 전사적인

당신은 회사의 평가에 만족하십니까?

시점을 가질 수 있어 태도가 바뀌고 이는 결국 평가 상승으로 이어질 것이다.

그러나 이 문제에는 기본적으로 평점 배분과 같은 결점이 있다고 지적하고 싶다. 다시 말해 모든 부문의 평가 총점을 같게 설정하는 것이 옳은지는 아무도 판단할 수 없다는 점이다. 그렇다고 해서 영업부의 평가 총점은 100점으로, 총무부의 평가 총점은 70점으로 메기는 등 부서 간의 실적에 가치 차이를 두는 것 또한 아무 근거도 없을 뿐만 아니라 매우 바보 같은 관점이다. 누구도 쉽게 납득할 수 없을 것이다.

차라리 영업부는 성과고과 점수의 비중을 높이고, 개발부나 기획부는 능력고과의 비중을, 관리와 경영부에는 정의고과의 비중을 높이는 것과 같이 부문별로 평가 항목의 채점 비율을 달리하는 방안이 더 설득력 있어 보일 수 있다.

이제 애당초 정답이 없는 평가에 스트레스를 느끼는 것 자체가 바보 같다고 느껴지는가?

07 사람이 사람의 인격을 평가하는 것은 절대 불가능하다

가장 어려운 주제지만 감히 다루어보려고 한다. '인간성을 평가하는 것 자체가 무리'라는 한마디로 끝내는 것이 무난할 수 있지만 내 생각을 조금 더 풀어보고자 한다.

1981년도 일본 프로야구는 에가와 스구루江川卓 투수가 대활약한 해이다. 그해 20승 6패라는 최고의 성적을 기록했기에 누가 보더라도 올해의 사와무라 상 04은 마땅히 에가와 투수가 받아야 되는 상황이었다.

그러나 그는 '사와무라 상을 받을 만한 인격이 아니다'는 이유로 수상

---

04 사와무라 상은 1947년 도쿄 교진군에서 투수로 활약했던 사와무라 에이지 近村末治를 기념하기 위해 제정되었으며 매년 일본 프로야구 최고의 선발 투수에게 수여되는 상이다.

하지 못했다. 그러면서 당시에 '인격이라는 게 도대체 뭔가'라는 큰 논쟁이 일어났다. 왜 이런 일이 생겼을까? 그 이유를 들여다보면 조금은 이해할 수 있을 것이다.

"에가와 스구루는 당시 야구 드래프트 제도의 맹점을 이용하여 드래프트를 거치지 않고 자이언츠에 입단하였다. 이로 인해 사와무라 상을 수상할 자격이 없다"고 하는 파와 "당시의 제도를 이용한 것이므로 나쁜 것이 아니며 또한 인격과 성적을 연계시켜서는 안 된다"는 반대파가 있었다. 또 자이언츠 팬이니까 반대, 안티 자이언츠니까 찬성이라는 이론적으로 근거 없는 의견도 포함하여 연일 뉴스에서 이 일이 크게 다루어졌다.

나는 당시 인격을 이유로 탈락시킨 투표자들이 솔직하게 과거의 과오를 반성하고 공평성을 담보하기 위하여 1981년도의 사와무라 상 수상자를 지금이라도 바꿔야 한다고 생각한다. 그 이유는 두 가지다.

하나는 인격을 이유로 한다면 이전 수상자의 인격 판단 근거를 모두 제시하여 공평하게 처리해야 한다. 물론 이것이 가능할 리 없다. 그때까지는 인격 평가를 포함하여 수상자를 뽑지 않았기 때문이다.

또 다른 이유는 처음부터 사람이 사람의 인격을 평가하는 것은 절대로 불가능하다고 생각하기 때문이다. 따라서 인격이 판단의 기준이 되는 것 자체가 잘못이다. 유일하게 가능하다면 법적으로 죄를 판단하는 때뿐이다.

다시 회사의 평가 제도로 이야기를 돌려보자. 에가와 스구루 투수의 사와무라 상 수상 문제를 예로 든 것처럼 회사의 평가 제도를 가지고 인격, 인간성을 평가하는 것은 무리다. 또한 해서도 안 된다. 현실에서 인간성을 평가 항목에 넣은 평가 제도는 없다고 믿고 있다. 이것이야말로 평가 스트레스를 폭발시키는 것이다.

그러나 조직 활동과 팀워크 안에서 '인간성'은 실로 매우 중요한 요소다.

나는 이미 50세를 넘었다. 나름대로 커리어를 쌓아왔는데 조직생활의 경험에서 확신하는 것이 하나 있다. 그것은 톱니바퀴가 될 수 있는 인재의 중요성이다(152쪽 참고). 기획력, 실행력, 개선력보다도 톱니바퀴의 힘이 더 중요한 경우가 많다.

사장과 책임자의 지시대로 충실히 업무를 수행하는 톱니바퀴형 인재는 조직의 목표 실현에 중대한 추진력이 된다. 기획력과 실행력과 개선력에 자신이 있는 사람은 이미 조직이 결정한 사항에도 자신의 의견을 피력한다. 그러나 조직의 입장에서 이는 이미 확정된 사항을 실행하는 데 방해가 되어 손실을 불러오기도 한다. 그 때문에 먼저 조직의 결정대로 충실히 업무를 수행해주는 톱니바퀴형 인재가 더 고마운 것이다.

그리고 이렇듯 자신의 자아를 자제하며 조직을 위해 애쓰는 사원의 '인간성'을 평가해주고 싶어지는 것이 '사람의 본심'이기도 하다. 그러나 평가 제도는 톱니바퀴 사원을 높이 평가할 평점 배분을 가지고 있지 않다. 또한 '톱니바퀴력'과 같은 평가 항목도 없다.

더욱이 평가 제도는 가점 위주로 짜인 경향이 있어 근무 태만의 정도, 타인 공격도, 불충성도, 허위 보고도 등과 같은 악의적인 감점 항목은 거의 없다. 악한 인간성을 평가하는 것을 꺼려하기 때문이다. 정의고과 항목에서 예를 들면 협조성이나 책임성과 같은 항목이 조금이나마 간접적으로 인간성 평가 항목에 해당한다는 의견도 있으나 '협조성이 없으므로 타인에 대한 배려는 더 없을 거야'라고 추론하게 하는 간접 항목과 문자대로 '냉혈함'과 같은 항목을 만들어 직접적으로 감점하게 만드는 방식은 다를 수밖에 없다.

그래도 현실적으로는 에가와 스구루 투수의 예처럼 마음속에서 '하지만 인간성이…'라는 감정을 통제하지 못하여 평가를 조정해버리는 평가자도 많을 것이라 생각된다.

이 부분 역시 평가 제도의 한계다. 인간성을 정식으로 평가 항목에 넣는 것 자체가 불가능함에도 '그래도 인간성이…'라는 평가 외의 감정을 더해 평가 에러를 만들고 있는 것이 실태이기 때문이다. 이 모순은 의미가 깊다.

08

평가에 일희일비할 필요는 없으나
평가 피드백 자체는 가치가 있다

여기까지 평가 제도의 실태와 그 한계에 대해서 이야기했다.

다시금 '평가란 무엇인가'라고 스스로에게 물었을 때 '평가 제도는 어차피 회사가 급여와 직책을 부여하는 데 일정 정도의 정당성을 담보하기 위한 근거 자료 외에 아무것도 아니다!'라고 생각하게 된다.

앞에서 평가 제도가 발전해온 역사를 조금 다루었는데 그 자체가 회사의 '인건비 절감'이라는 측면과 밀접한 관계가 있었다. 물론 엉터리 평가를 하지 않는 한 평가자에게는 아무 죄도 없다. 그들은 주어진 역할에 최선을 다하고 있을 뿐이다.

만약 평가 제도가 없다면 어떻게 될까? 평가 그 자체가 더 자의적으로 해석되어 엉터리 평가가 노골화될 것을 쉽게 상상할 수 있다. 따라서 평가 제도를 없앤다는 선택 사항도 없다. 있어서도 안 된다.

본래 인간의 지혜는 완벽하지 않다. 항상 불충분하기에 진화할 여지가 있으며 그 여지로 인해 노력하는 것이 아니겠는가!

평가 제도의 문제점을 추궁하기보다는 '그 불충분함을 어떻게 극복하고 앞으로 나아갈 수 있을까' 하는 시점에서 이해하는 편이 현실적이다. 그 대답이 '평가에 일희일비할 가치는 없다'이다.

가치가 없는 것을 고민하고 있어도 어떻게 할 도리가 없는 것처럼 그런 데다 불만을 폭발시켜서 마음을 스트레스로 가득 채울 필요는 더더욱 없다. 가치가 없는 것 때문에 병을 만들지 마라. 태도를 바꾸면 된다.

단 타인의 조언에 귀를 기울이는 마음을 잃어버려서는 안 된다. 평가 결과의 피드백에서 나타난 문제점은 받아들이고, 다음에 개선됐다는 평가를 들을 수 있도록 노력해야 한다.

혹 결과에 개선을 요하는 피드백이 없다면 "피드백을 부탁합니다. 저는 앞으로 어떤 점을 보강하고 개선해야 할까요? 가르쳐주십시오" 하고 상사에게 물어볼 줄도 알아야 한다. 반대로 '평가가 잘못되었고 나는 개선할 점이 없다'는 오만한 사람이 받는 평가 스트레스는 자업자득이다. 어떤 사람이라도 완벽은 없으며 보강해야 할 부분이 반드시 있기 마련이다.

따라서 평가 결과에 일희일비할 필요는 없으나 평가 결과의 피드백은 진지하게 귀를 기울일 가치가 있다. 이러한 사고를 명확하게 구분하여 사용하길 바란다.

09

미래에 더욱 중시되는
조직 공헌에 대한 평가에 주목하라!

마지막으로 개인적인 견해인데 조직 공헌도를 어떻게 평가하는가 하는 부분에 더 주목할 필요성이 있지 않을까 생각한다.

조직에 대한 공헌에는 세 가지 측면이 있다.

첫 번째는 기업이 가지는 노하우를 충실히 습득하고 실천하여 다음 세대에게 계승해가는 공헌, 두 번째는 주어진 업무를 지시대로 정확히 정해진 기한 내에 수행하는 공헌, 그리고 마지막으로 세 번째는 오랜 시간 동안 맡은 업무를 통해서 얻은 새로운 노하우를 자신의 머릿속에만 넣어두는 것이 아니라 누구나 알 수 있도록 문서화, 도식화, 기호화하여 다른 직원의 능력 향상에도 도움을 주는 공헌이다.

이렇게 생각하면 쌓아온 경험이라는 것의 가치가 재조명받아야 할 필요가 있으며 과도한 성과주의보다는 연령과 근속 연수도 평가에서 균형 있게 고려되어야 함을 알 수 있다.

조금이나마 성과 평가뿐만 아니라, 조직 공헌이라는 보이지 않는 부분의 평가에도 무게를 두려는 노력이 도처에서 나타나고 있다. 특히 승진을 위한 업적과 성과 평가뿐 아니라 능력 평가나 정의 평가로 대표되는 다각적 평가를 위한 이해가 깊어지고 있는 것도 올바른 경향이다.

그러나 평가 제도는 여기서 한발 더 나아가야 한다. 톱니바퀴 사원과 같이 꾸준히 노력하지만 표면에 드러나지 않는, 조직에 꼭 필요한 일개미 같은 직원에 대해서도 다른 관점으로 평가할 수 있도록 평가 제도의 개선이 필요하다고 나는 강력하게 주장하고 싶다.

제 5 장

평가 불만에서 벗어나 업무 능력을 향상시켜라

"

평가 피드백을 받고 부족한 점을
개선하고자 하는 의지와 노력이 없다면
이후에도 우수한 평가는 기대할 수 없다.

"

평가 불만을 줄이기 위해
자기 분석 기술을 높이는 두 가지 노력

'자기 평가와 타자 평가의 상관도'를 다시 살펴보자(27쪽 참고). 평가에 불만을 느끼는 원인은 자기 평가에 비해 타자 평가가 낮기 때문이 대부분이다. 즉 스스로에게 관대한 자기 평가가 주 요인인데 이는 사회심리학과 인지 심리학에서 말하는 '보통 이상 효과'의 영향이다.

그 유혹에서 벗어나기 위해서는 스스로를 객관적으로 바라보는 냉철한 시각을 가져야 한다. 즉 자기 평가 훈련이 필요하다.

앞에서 소개한 유니클로의 야나이 타다시 회장의 저서 《일승구패》에 이와 관련된 에피소드가 있다.

예전에 회사의 임원과 부장 전원이 360도 평가라고 하는 것을 해보았다. 본인의 능력을 자기가 평가한 것과 주위 사람이 평가해준 것을 비교한다. 내 결과는 양쪽이 '거의 같음'이었다. 나 이외의 사람들은 자기 평가와 타자 평가에 상당한 차이가 있었다. 나는 자신을 과하게 생각하는 경우도 없는 반면 자기비하도 없는 성격인 듯하다. 내가 종래의 경영자와 다르게 보인다면 이 점이 클지도 모르겠다.

"나 이외의 사람들은 자기 평가와 타자 평가에 상당한 차이가 있었다." 이 문장처럼 자기 평가와 타자 평가가 일치하는 일은 매우 드물다. 자기 평가보다 타자 평가가 높으면 불만을 느낄 일이 없다. 문제는 자기 평가가 너무 관대할 경우다. 타자 평가가 어지간히 높지 않으면 아무래도 자기 평가와 비교되어 그 차이에 대한 평가 불만이 생길 수밖에 없다. 이것을 피하기 위하여 자기 평가 훈련에 집중해보자. 여기에는 다음과 같은 두 가지 노력이 필요하다.

첫 번째, 업무 프로세스와 업무 결과를 수치화 하자.

영업 부서의 경우 매출 목표 달성률뿐만 아니라 방문 건수, 가능성이 높은 건수, 상담 건수, 계약 체결 대기 건수, 계약 성립률, 수주 손실률, 애프터 팔로우after follow, 신규 고객 취득 건수 등 이미 수치화되어 있는 지표가 많으므로 데이터화하기가 비교적 쉬울 수 있다.

　　　　　　　　　　　　　　　당신은 회사의 평가에 만족하십니까?

반면 영업 외 부서의 경우는 수치화가 힘들어 어려움을 겪기도 하는데 먼저 수치화할 수 있는 것부터 나열해가면서 정리해보자.

예를 들면 총무부서의 경우 수치화할 수 있는 것으로 출퇴근 등의 근태, 의뢰 받은 업무의 달성률, 부서와 사내 표창 횟수, 업무 실수 정도, 하루에 소화하는 업무의 양 등 떠오르는 것들을 적어보라. 자신의 업무를 수치화하면 결과와 프로세스를 객관적으로 바라볼 수 있다. 다른 부서도 동일한 방법으로 수치화하려 노력해보자.

또한 수치화에서는 자신의 수치만 갖고 일희일비하지 말고 다른 사람과 비교하기, 전년도 업무 능력과 비교하기 등과 같이 상대적인 성장률을 체크하는 게 중요하다. 이 방법은 자기 평가에서 스스로 관대해지는 경향을 줄여준다.

아날로그적이고 감성적이라면 인간적이고, 디지털적이며 논리적이라면 냉혈한이라고 생각하는 사람이 꽤 있다. 지금은 전산 시스템이 없어서는 안 되는 시대이지만 수치에 일희일비하는 영업 파트조차도 전산 분석 결과보다 자신의 경험과 감을 우선하는 사람이 적지 않다.

수치 분석을 적극적으로 활용하지 않는 이유는 냉혈한보다 인간적인 사람이 되고자 하는 잠재의식의 영향 때문일 수 있다. '수치 데이터를 판단 기준으로 한다 = 인간적이지 않다'라는 사고방식에 빠지지 않도록 마음을 다잡아야 한다. 다각도로 분석한 수치 지표를 통해 자신보다 점수가 높은 사람을 항상 관찰하고 그와 비교해 '나에게 부족한 것은 무엇인가' 하는 자세로 자기 분석의 객관성을 높이는 것이 중요하다.

두 번째, 모든 평가 항목별로 적어도 한 가지 이상의 구체적인 행동 목표와 주의할 점을 정하여 그 실행률을 지표로 삼는다.

예를 들어 능력고과의 '기획력'에 해당하는, 기획 아이디어가 생겼을 경우 누구보다도 빨리 제출한다, '개선력'에 대해서는 주 1회는 반드시 자신의 업무 중 개선해야 할 곳을 찾아내어 구체적인 개선 방법을 고민해서 실행한다, 정의고과의 '적극성'은 과다한 업무로 일이 늦어지는 동료가 있다면 적극적으로 도울 의사를 전달하고 상대가 요청한다면 즉시 돕는다 등으로 발전시킨다. 업무 내용에 따라서 더 구체적으로 설정해보면 한층 좋을 것이다.

이렇게 회사에 평가 항목이 서른 가지가 있다면 그 이상의 행동 목표와 개선점을 스스로 정한다. 평가 항목이 오십 가지라면 오십 가지 이상이다. 불가능할 것 같은 어려운 행동 목표를 세우기보다 자신에게 가능한 것부터 시작하라.

우선은 이 두 가지 방법을 실행해보는 것만으로 자신이 어떻게 일에 최선을 다하고 있는가, 또한 어떻게 노력하고 있는가를 객관화할 수 있다. 단시간에 큰 변화를 노리지 말고 작은 부분이라도 실천하려는 자세를 가지고 노력하면 그것이 조금씩 쌓여 스스로 변화하는 모습을 볼 수 있을 것이다.

그리고 새로운 평가 결과를 받아보고 자기 평가에서는 개선되었다고 생각하는 평가 항목이 생각보다 낮은 평가를 받았다면 상사에게 자신이 개선한 내용을 전달하면서 그 항목의 평가가 나쁜 이유에 대해 피드백을 받아보길 바란다.

'무엇을 어떻게 하면 이 항목이 개선되겠는가'에 대하여 구체적인 조언을 구하는 것이다. 동시에 그 항목의 평가가 낮은 이유도 확인해두자.

부하에게 무뚝뚝하고 별로 말이 없는 상사라 해도 피드백을 받도록 끈기 있게 노력하라. 부하 직원에게 조금이라도 애정이 있는 사람이라면 그런 행동만으로도 당신에 대한 평가를 바꿀 것이다. 그래도 피드백을 해주지 않는 상사가 있다면 그것은 분명 평가를 엉터리로 했거나 부하 직원의 성장을 도와줄 의식 자체가 부족한 것이다.

이제 구체적으로 피드백을 받았다면 그 평가 항목의 개선을 목표로 노력하면 된다. 평가자가 "이렇게 하면 좋아질 거야"라고 가르쳐주는 것만큼 확실한 방법은 없다. 또한 피드백대로 개선되었다면 상사도 다음에는 좋은 평가를 할 수밖에 없다. 반대로 피드백대로 노력하지 못한 자신을 발견한다면 평가가 낮더라도 인정하고 겸허해질 수밖에 없다.

인생은 장거리 레이스!
조급해하지 말자

대기만성 大器晩成 이라는 말이 있다. '크게 될 사람은 종종 늦게 성공한다는 의미'이거나 '출중한 능력이 있으면서도 성공하기까지 많은 시간이 걸리는 사람' 등의 의미를 가진다. 여기에서 흥미로운 의구심이 일어난다. 대기만성인지 전혀 알 수 없던 시기에 당사자는 타인 평가를 어떻게 받아들였을까 하는 점이다.

대기만성에도 여러 유형이 있기에 단적으로 말할 수는 없지만 일흔네 살의 나이에 대통령이 된 고故 넬슨 만델라Nelson Mandela의 사례는 어떠한가.

넬슨 만델라 전 대통령은 젊은 시절부터 변호사로 일했고 군 사령관도 역임했던 엘리트였음에도 이른바 남아프리카공화국의 아파르트헤이트Apartheid라는 인종 격리 정책으로 27년이나 감옥살이를 한 후에야 대통령이 된 전형적인 대기만성형 인물이다.

만델라 감시 임무를 맡았던 백인 교도관 제임스 그레고리의 수기가 바탕이 된 영화 〈굿바이 만델라〉(2007년)를 보면 그의 힘들었던 시절을 엿볼 수 있다.

이 영화는 교도관 그레고리가 만델라의 생활과 태도를 보면서 서서히 생각을 바꾸기 시작하는 모습을 그리고 있다. 피부색이 달라도 존경하지 않을 수 없는 인물이었던 것을 말해주는 에피소드다.

만델라 전 대통령은 영화 속에 그려진 것처럼 오랜 감옥 생활에서도 스스로를 위한 노력을 게을리하지 않았으며 일관된 신념을 계속 유지했다. 인내심을 가지고 자신의 큰 뜻을 이룰 수 있도록 노력한 것이다. 결국 이런 자기 노력이 대통령까지 되는 원동력으로 작용했다.

스케일은 달라도 회사에서도 비슷한 사례가 많다. 능력은 뛰어나지만 약소 파벌이라는 이유만으로 출세하기까지 기나긴 어려움을 겪었던 사람, 지방 근무를 전전하다가 찾아온 한 번의 기회를 놓치지 않고 정상까지 올라간 사람, 순조롭던 출세 길이 갑자기 닫히고 찬밥 신세로 전락했음에도 불굴의 의지로 정상으로 복귀한 사람 등의 사례를 어렵지 않게 찾아볼 수 있다.

잘 관찰해 보면 이러한 사람들의 성공은 어려운 시절에도 자포자기하지 않고 자신의 장래성을 믿고 계속 노력했기 때문에 따라온 결과임을 알 수 있다. 당장은 제대로 된 평가를 받지 못해 힘들지만 꾸준히 노력하면 언젠가는 자신을 알아보고 높이 평가해주는 사람을 만나거나 능력을 뽐낼 기회가 생겨 길이 열리는 것이다.

대기만성형 사람들의 공통점은 평가에 일희일비하지 않고 자기 계발에 매진한다는 것이다.

《나를 바꾸는 지혜, 채근담》이라는 책에 다음과 같은 구절이 나온다.

명성이 드높은 위인들 가운데는 소년 영웅도 있었지만 대기만성형 인재도 많다. 언제부터 두각을 나타낼 것인지 불안초조해하는 사람은 역량을 제대로 발휘하지 못한다. 눈앞의 공적과 이익에만 급급하면 큰일을 이룰 수 없고, 계속 불안초조해하면서 쉽게 일희일비하면 절망적이고 비관적인 삶을 살게 된다.

오직 정도를 지키며 적절한 기회를 기다릴 때, 기회를 적절히 포착하고 견고한 비전을 붙잡을 때에만 성공의 길을 갈 수 있다.

인간의 일생이라는 것은 무거운 짐을 등에 지고 끝도 없는 먼 길을 걷는 것과 같다. 인생은 장거리 레이스이므로 당장의 이익을 좇아 서둘러서는 안 된다. 자유롭지 못한 상태라도 현재의 상황을 당연한 것으로 생각하고 있다면 부족함을 느낄 일은 없다. 사치하고 싶거나 맛있는 것을 먹고 싶다는 것과 같은 욕망이 마음에 일어났다면 예전에 자신이 몹시 곤란하고 고통받았던 시절을 기억해보라. 인내하는 것이 걱정 없는 삶을 살기 위한 기본이다. 분노에 사로잡히는 것은 자신에게 좋지 않은 일로 적과 동일하다고 생각하라.

이해할 수 없는 평가를 받았더라도 일단은 인정하는 자세, 자신의 성장을 도와주는 밑거름이 될 것이라는 긍정적인 마음을 가지는 것이 중요하다. 무엇보다도 그 평가는 '지금'만 본 것이므로 장래에는 얼마든지 바뀔 수 있다고 여기는 것이 제일 중요하다.

사람의 성장은 지식 학습과 경험 학습의 양에 비례한다. 지식 학습이란 체계화, 범용화되어 있는 지식을 배우거나 암기하는 것이다.

한편 경험 학습이란 미국의 조직 행동학자인 데이비드 콜브David Kolb 교수가 제창한 이론으로 '경험 → 성찰 → 개념화 → 실천'이라는 4단계의 사이클을 거쳐 학습하는 것이다.

나는 두 가지 학습 방법 모두 사람의 성장에 있어 꼭 필요하며《이솝 우화》의 〈토끼와 거북이〉에 등장하는 거북이와 같이 견실하고 착실하게 걸어가는 게 중요하다고 여긴다.

일이 잘 풀리지 않는 때를 자신의 재능과 인격을 연마하는 시기로 삼자. 그 사이에 지식 학습과 경험 학습을 쌓으면 열매가 열릴 수 있다.

톱니바퀴 사원이 되어
성장에 필요한 '틀'을 몸에 지녀라

톱니바퀴 사원은 '기본 업무를 착실하게 처리하며 업무에서 배운 지식을 자기 것으로 흡수하여 맡은 바 역할을 충실히 다하는 사원'으로 정의된다.

나는 평소 톱니바퀴 사원의 중요성에 대해서 말해왔으나 좀처럼 받아들이기 어려운 메시지인 듯하다. 우리의 틀에 박힌 사고방식으로는 톱니바퀴가 아닌 '생각하는' 사원 쪽이 우수하다고 여기는 경향이 있기 때문이다.

개인별로 보면 자기 생각을 보태어 능동적으로 업무를 처리하는 사원은 확실히 우수하나 조직 운영의 관점을 전제로 하면 생각하는 사원만으로는 조직이 원활히 운영되지 않으며 '생각하기 이전에 따르는' 철저한 톱니바퀴가 될 수 있는 사원이 조직에 더 도움이 되는 경우도 많다.

그러나 평가 제도만 놓고 보면 톱니바퀴 사원은 상사가 인정하고 편애하지 않는 한 높은 평가를 받기가 쉽지 않다. 따라서 톱니바퀴형 사원이 '조직에 공헌하고 있는 것에 비해 제대로 평가받지 못한다'라고 불만을 느끼는 것은 어찌 보면 당연한 일이다. 오히려 사람들 사이의 차이를 나타내는 '개성'이 채점 비중이 높은 평가 제도라면 더 낮게 평가될 가능성도 있다.

그래도 지금의 업무 처리 방식으로 좀처럼 좋은 평가를 받지 못해 고민하고 있다면 완벽한 톱니바퀴 사원이 되는 것도 한 가지 방법이 될 수 있다고 생각한다.

그 이유는 상사의 지시대로 톱니바퀴와 같이 일하는 것이 그 회사에서 필요한 지식(지식과 응용 기술)을 흡수하는 데 최적의 방법이기 때문이다. 창조적인 일보다 주어진 업무를 충실히 해내기를 스스로 선택한 것은 하나의 전략이 되어 필요한 경험을 꾸준히 쌓을 수 있게 작용한다.

톱니바퀴라는 말의 이미지는 그다지 좋지 않으나 자아가 너무 강해 그 이유로 평가가 좋지 않은 사람에게는 권장할 만하다고 생각된다.

미국 시카고 대학교의 교육학과 교수 벤저민 사무엘 블룸Benjamin Samuel Bloom이 다음과 같은 말을 했다.

다양한 분야에서 활약하는 인재의 유소년기를 조사해보니 IQ와 성공은 상관관계가 없는 것으로 밝혀졌다. 유일하게 확인된 것은 성장기에 연습을 반복하고 우수한 스승에게 배우고 가족의 열정이 뒷받침된 것이었다. 뛰어난 업적은 훈련의 질, 양과 상관관계가 있다. 일류 인재들의 능력은 선천적인 것이 아니라 후천적인 요인에 의해 만들어진다.

이렇듯 사람의 능력이라는 것은 성장기에 연습을 통해서 누구나 손에 넣을 수 있는 것임에도 그 연습의 과정, 내용이 잘못되어 원하는 능력을 가지지 못하는 것은 불행한 일이라 할 수 있다.

블랙 기업[01]이나 블랙 상사[02]의 톱니바퀴가 되고자 노력할 필요는 전혀 없다. 하지만 일부 업무만 하기보다는 전부를 습득하고자 하는 열정적인 자세가 기초 능력을 갈고닦는 지름길인 것은 틀림없다.

2011년 일흔다섯 살의 나이로 세상을 떠난 만담가 타테카와 단시立川談志의 제자인 타테카와 단슌立川談春의 저서 《빨간 송사리》에는 타테카와 단시가 제자를 가르칠 때 했던 말이 남아 있다.

---

01 블랙 기업은 일본에서 유래된 개념으로 원래는 기업 윤리를 지키지 않고 사회적 책임을 이행하지 않는 기업을 뜻하나, 좁은 의미로는 불법·편법적인 수단을 이용하여 근로자에게 비상식적인 노동을 강요하는 악덕 기업을 뜻한다.

02 폭력이나 물리적 힘으로 부하 직원을 관리하는 상사를 지칭한다.

당신은 회사의 평가에 만족하십니까?

있지, 아가. 틀이 만들어지지 않은 자가 연극을 하면 틀이 없는 연극이 된다. 엉망진창이지. 틀이 견고한 사람이라야 독창성 originality을 발휘해 틀을 깰 수 있단다. 어떠냐, 알겠느냐? 너무 어려운가. 결론을 말하면 틀을 만들기 위해서는 부단히 연습하는 길밖에 없단다.

이 문장은 대단히 함축된 성장 이론을 내포하고 있다. 여러 곳에서 인용되는 유명한 문장으로 나도 자주 이 문장을 빌려 쓴다.

성장을 위해서는 틀을 만들 필요가 있는데 그것을 위한 방법은 계속해서 노력하는 것밖에 없다는 주장이다. 틀이란 선조에게서 전승되어온 지식을 가리킨다. 그리고 선조들의 지식을 계승하기 위해서는 그 모두를 배운 대로 외워야 한다. 그야말로 톱니바퀴 이론이다.

반대로 생각하면 성장을 방해하는 요인은 선조들의 지식을 부정적으로 이야기하거나 필요 없다고 단정하여 전혀 받아들이지 않는 것이다. 또한 개성을 드러내는 게 멋지다고 생각하는 현대에서는 자신의 의견을 내보이는 걸 좋게 보는 성향이 강해졌는데 타테카와 단시는 그러한 사고방식을 경고하고 있는 것이다.

다시 한 번 타테카와 단시의 '틀이 견고한 사람이라야 독창성을 발휘해 틀을 깰 수 있다'라는 말을 떠올려보라. 어느 회사든 발전을 위해 기존의 틀을 깨는 사원을 원한다.

하지만 '틀을 깨다'의 진정한 의미는 '개성적인 틀을 가지고 있다'가 아니라 '더 견고한 틀'이라는 것을 부디 기억하길 바란다. 이것은 톱니바퀴를 경험하여 '틀을 견고하게' 몸에 지녀야만 틀을 깰 수 있음을 시사하는 중요한 말이기 때문이다.

수파리守破離[03] 사상을 이해하면 이 의미를 좀 더 명확히 알 수 있다. 통찰력이 있는 사람은 즉시 '수파리'에 '깨다破'라는 한자가 들어 있는 것을 눈치 챘을 것이다.

'수파리'란 성장의 길잡이다. '수'란 틀을 배우는 단계를 가리킨다. '파'는 틀을 익혀 내 것으로 만든 다음 그 틀을 토대로 독창성을 내는 단계다. 이것이 소위 틀을 깬다는 것이다.

그리고 '리'란 익힌 틀에 구애되지 않고 자유롭게 창조하는 단계를 가리킨다. '파'와 '리'의 차이를 혼동하는 사람이 있는데 다음과 같이 생각하면 알기 쉬울 것이다. '파'란 어떠한 곡을 기초로 자유롭게 독창성을 발휘하는 애드리브와 같은 것이며 '리'는 모든 것을 독자적으로 만드는 작곡과 흡사하다.

분명 '수'의 단계를 가볍게 보고 제대로 알려고 하지 않은 채 '파'나 '리'를 흉내내고 싶어 하는 사람은 지속적으로 성장하지 못한다. 타테카와 단시의 말을 빌리자면 틀이 없는 사람이 되는 것이다.

---

[03] 불교 용어에서 비롯되어 수행의 단계를 표현하는 말로 정착되었으며 일본에서 문화가 발전, 진화해온 창조적인 과정의 기초 사상이기도 하다. '수(守), 틀을 지킨다'는 스승의 형식을 따른다, '파(破), 틀을 깬다'는 더 좋다고 생각하는 형식을 만든다, '리(離), 틀을 떠난다'는 스승과 자신의 형식을 모두 이해하고 형식으로부터 자유로워진다는 의미다.

당신은 회사의 평가에 만족하십니까?

먼저 철저하게 '수'를 마스터하는 것이 성장에 필수다. 톱니바퀴형 성장법은 수파리 사상의 이치에 맞다.

톱니바퀴 사원으로 일하는 '수'의 시기에는 상사가 인정하고 편애하지 않는 이상 평가가 크게 나아질 리 없으니 때로는 평가에 만족하지 못하는 경우도 생긴다. 하지만 그것이야말로 '파'의 수준으로 올라가기 위한 지름길이 되는 경우가 의외로 많다.

처음부터 '자신의 방식'을 소중히 여기고 생각한 대로 평가를 얻을 수 있는 사람은 그것으로도 되겠지만 '자신의 방식'이 좀처럼 우수한 평가로 이어지지 않는 사람이라면 톱니바퀴 사원으로 일하는 방식이 높은 평가를 받는 지름길이 될 수도 있음을 받아들여보라.

평가 결과에는 둔감하게,
과정에는 민감하게 반응하라!

관리자 교육에서 나는 종종 "편애하는 부하 직원이 있는가? 편애가 평가에 반영되는가?"라는 질문을 한다. 대부분의 경우는 손이 올라오지 않는다. 반대로 "직원 평가 시 편애하는 부하 직원을 객관적으로 평가한다고 장담할 수 있는가?"라고 질문을 해도 역시 손이 올라오지 않는다. 부하 직원을 편애하고 있는지 않은지 분명치 않으니 두 가지 질문에 명확하게 대답할 수 없는 것도 진실일 수 있다.

전자의 질문에 대해서는 '의도적으로는 편애할 일이 없다'는 인식이며 후자의 질문에 대하여는 '그렇게 말해도 편애하고 있지 않다고 단호하게 말할 자신은 없다'고 생각하기 때문이다.

높게 평가하고자 하는 부하는 4를 중심으로, 그에 비해 낮은 평가를 하고자 하는 부하는 2를 중심으로 채점해버리는 2-4 법칙이라는 평가 에러를 기억하고 있는가? 평가자는 2-4 법칙에 빠져 있다는 인식을 하지 못하므로 평가에 악의가 없다. 그러나 평가를 받는 당사자에게는 어쩌면 생사가 걸린 문제로 엄청난 스트레스의 원인이 된다.

마찬가지로 역산 평가라는 평가 에러는 높게 평가하려는 부하와 높게 평가하고 싶지 않은 부하, 어느 쪽도 아닌 부하로 이미 결과를 정해놓고 그에 맞춰 평가 항목을 채점한다. 이러한 엉터리 평가로 낮은 평가를 받은 사람은 결과에 예민하게 반응하며 상처받기 쉬워진다.

그 외에도 여러 가지 평가 에러가 있다. 평가자는 악의가 없었다고는 하나 평가 대상자에게는 큰 문제다. 더욱이 평가 에러를 방지할 만한 개선 방법도 없다면 평가 대상자 본인이 현실에 대처하는 지혜를 배우는 수밖에는 없다.

그중 하나로 '평가 결과에는 둔감하게, 평가 과정에는 민감하게' 대처하는 태도를 가질 것을 권유한다. 단 이 둔감이란 말이 평가 결과를 경시하라는 의미는 아니다. 평가 결과가 아닌 평가의 과정으로 관점을 전환하길 바란다는 뜻이다.

'왜 그러한 평가를 받게 되었는가'를 아는 것이 더 중요한데 이는 평가 결과보다는 피드백에 관심을 가지고 자신이 노력해야 할 것을 명확히 한다는 것과 일맥상통한다.

■ 상사가 바뀌면 평가도 바뀐다

나는 초등학교 시절에 미술 성적이 '3'에서 '5'를 왔다 갔다 했다. 자신 있는 과목이었기 때문에 성적이 '3'이었던 때에는 몹시 화가 치밀었다. 어릴 적에 겪은 평가 스트레스다.

한 번은 이런 일이 있었다. 동판화를 했는데 나는 한 송이 포도를 동판화의 화제로 골랐다. 포도의 구도를 신중하게 생각하여 중심부를 일부러 작게 그려 전체 구도와의 사이에 긴장감이 흐르게 묘사했다. 공간과 한 송이의 포도가 서로 맞당기는 것이다. 그렇게 함으로써 포도의 한 알, 한 알이 싱싱하고 생기 있게 보여 튀어 나올 것 같은 이미지가 되었기 때문이다. 이렇게 공들여 완성한 작품에 대한 평가가 겨우 '3'이었다.

미술 선생님은 이렇게 말했다. "후지모토 군, 그림틀을 전체 가득한 크기로 생각하고 그리도록 해. 시작할 때부터 작게 그리니까 작은 포도가 되어버리는 거야. 그리고 작은 그림을 그리면 작은 남자가 된단다."

획일적 교육이란 이렇게 시작되는 것이 아닐까? 하다못해 '이렇게 그림을 그린 의도는 뭐니?' 하고 물어봐줬다면 내 그림의 평가도 달라졌을지 모른다. 그 증거로 선생님이 바뀌면서 곧바로 미술 평가 점수가 '5'로 올랐다.

사람의 평가라는 것은 이런 식이다. 딱히 선생님에게 다른 뜻이 있었던 것이 아님은 알고 있다. 내 묘사가 미숙했을 가능성도 부정할 수 없다. 그렇더라도 평가하는 측의 시점과 평가받는 측의 시점 간에 상당한 차이가 있다면 이러한 불행이 생긴다는 것이다. 회사의 평가도 마찬가지다.

샐러리맨 시절의 일이었다. 어느 평사원에 대한 평가가 너무 낮다고 느낀 나는 해당 관리자에게 이유를 물었다. "성격이 적극적이지 못하고 영업에 어울리지 않으니까"라는 그 어떤 객관적인 근거도 없는 답변이 돌아왔다.

평가자는 개인적인 선입관을 가지고 평가하여 역산 평가 오류를 범하고 있었던 것이다.

그러나 내 평가는 달랐다. 그가 적극성이 없는 성격인 것에는 동의하나 지시 받은 것을 묵묵히 처리하는 톱니바퀴형 사원으로서 '어떻게든 최선을 다해서 팀을 위해 일하자'라고 하는 업무를 대하는 진지한 태도가 진심으로 전해졌다. 이렇게 기본 자세가 되어 있는 사원의 경우 해를 거듭할수록 발전하는 사람이 많다. 따라서 이 사원의 장래성은 매우 높다고 예상했는데 역시 그대로였다. 상사에 의해 평가가 바뀌는 전형적인 사례다.

또 하나의 전형적인 사례로 세계적인 발명가인 미국의 토마스 에디슨Thomas Alva Edison의 일화를 들 수 있다. 그는 초등학생일 때 담임선생님으로부터 학교에 오지 말고 집에서 공부하라는 말을 들었다. 이유는 다른 학생과 뚜렷하게 대비되는 말과 행동을 계속했기 때문이다.

그 말에 화가 난 어머니는 '토마스를 이해하지 못하는 사람에게 배우게 할 바에야 차라리 내가 가르치겠어'라는 마음을 가지고 가정교육으로 에디슨이라는 대발명가를 키워냈다. 지금 우리는 에디슨의 업적을 잘 알고 있으므로 에디슨의 비범함을 믿은 모친을 칭찬하고 담임선생님의 행동을 지적하지만 당시 에디슨의 재능을 꿰뚫어본 사람이 얼마나 있었을지는 큰 의문이다.

어머니도 선생님과 같이 낮은 평가를 주고 "너에게 공부는 기대하지 않을 테니 밭일이라도 도와주렴"이라고 했다면 인류의 역사가 바뀌었을지도 모르는 일이다.

마찬가지로 당신에 대하여도 상사가 미처 장래성을 꿰뚫어보지 못한 것뿐일지도 모른다. 더 현실적인 이야기를 하면 샐러리맨 인생은 30~40년 정도 되는데 계속 같은 상사와 근무하는 경우는 거의 없다. 조직의 규모, 부서 이동 상황 등에 따라 다르겠지만 이동이 적은 회사라도 최소한 수회 이상, 많은 사람은 10회 이상은 상사가 바뀌지 않겠는가.

그렇게 생각한다면 평가자와 평가 대상자의 인내심 대결이다. 이것은 인생과 동일하다. 자포자기하는 쪽이 지는 것이다. 어차피 상사는 당신의 '지금'밖에 평가하지 않는다. 중요한 것은 장래를 바라보고 당당하게 나아가는 것이다.

당신은 회사의 평가에 만족하십니까?

평가는 더 큰 성장의
시작이다

평가를 열매로 여기느냐 씨앗으로 여기느냐 하는 것이 중요하다. 열매, 즉 보상으로 여긴다면 당면의 결과가 전부라고 생각하므로 더 성장하기 위한 씨앗이라는 생각을 갖는 것이 바람직하다.

더욱 성장하기 위한 씨앗이므로 현재 결과에 대한 피드백이 중요하다. 피드백은 인생이라는 이름의 트랙을 달리기 위한 가이드다. 달려야 할 코스, 신체를 단련하는 법, 장애물을 제거하는 법 등을 가르쳐준다. 누군가 이를 가르쳐주지 않는다면 물어봐야 한다.

중요한 것은 앞을 향하여 달리는 것이다. 달리는 자세가 좋은 사람과 나쁜 사람을 구분하라. 그리고 달리는 자세가 좋은 사람의 달리는 법을 따라하라. 그것을 경험 학습이라고 한다. 이는 성장의 밑거름이다.

동료 가운데 모범이 될 만한, 좋은 자세로 달리는 사람이 있는데 계속해서 자신의 자세만 고수하는 것은 스스로 성장의 열쇠를 옆에 두고 문을 열지 못하는 것과 같다.

또한 트랙을 바꾸는 것에도 신중해져야 한다. 이직이 그것이다. 커리어를 높이기 위한 수단으로 이직을 활용하는 것은 괜찮지만 단순히 평가 스트레스로부터 도망가기 위한 이직은 바람직하지 않다. 평가 스트레스를 극복하는 올바른 방법을 깨닫지 못한다면 새로운 직장에서도 똑같은 평가 스트레스에 빠지기 십상이기 때문이다. 그런 사람은 어디에 가더라도 같은 상황이 반복될 확률이 높다.

평가 스트레스를 이유로 이직하는 것이 아니라 커리어를 높이기 위한 이직이 되려면 먼저 업무 능력 향상을 위한 노력이 우선되어야 한다. 업무 능력이 향상되면 당연히 평가가 올라가고 더 좋은 직장으로 이직이 가능하다. 이직 계획을 구체적으로 짜보는 것도 필요하다. 목표가 있다면 더 진지한 자세로 자기 계발에 박차를 가할 수 있기 때문이다. 평가 스트레스로 시간을 허비하는 것보다 이런 고민에 시간을 할애하는 편이 낫다.

덧붙이자면 블랙 기업이나 블랙 상사 아래에서 일하고 있는 사람은 더 늦기 전에 당당하게 이직하라. 그것은 단순한 평가 스트레스가 아닌 다른 차원의 문제다.

중요한 것은 평가와 어떻게 마주하느냐다. 평가는 자신을 성장시키기 위하여 필요한 것을 준비하고 해결해나가는 지표다. 조직이기에 상사, 즉 평가자와의 관계를 무시할 수 없다. 평가 결과에 불만이 있더라도 평가가 낮아지는 이유에 대한 피드백을 받으며 그에 대한 노력을 계속해야 한다.

또한 평가 그 자체는 평가 에러로 가득 차 있다는 것도 잊지 말자. 하지만 엉터리라고 불평불만을 늘어놔봤자 아무 도움이 되지 않는 것만은 확실하다.

인생이란 트랙은 다시 처음부터 달릴 수 있는 것이 아니다. 항상 앞을 향하고 자세가 좋은 사람을 따라하면서 쓸데없는 탈선을 하지 말고 계속 달리자.

제 **6** 장

승진에 걸림돌인
'부당한 평가'
극복하기

> 승진은 인생의 중요한 포인트,
> 하지만 '부당한 평가'에
> 인생이 좌우되는 일이 있어서는 안 된다.

평가는 조직을 발전시키는 도구와
망하게 하는 흉기의 양면성을 가진다

인류의 진화는 과학의 진화이기도 하다. 과학은 인류의 기원과 마지막까지도 증명하려 한다. 인류의 기원에 대해서는《구약성서》〈창세기〉의 아담과 이브 창조 이야기와 과학적 기원설로 미토콘드리아 이브설이라는 것이 있다. 이것은 약 20만 년 전의 아프리카 여성을 시초로 보는 것으로 '단일 기원설'을 뒷받침하는 설이다. 또 다른 과학적인 기원설은 아시아와 오스트레일리아 지역에서도 독자적으로 호모 사피엔스가 탄생했다는 '타지역 진화설'이다. 이러한 논쟁들을 결론지으려면 꽤나 많은 시간이 필요할 것이나 지구상에 인류가 생겨난 이래 끊임없이 진화를 하고 있다는 사실만은 분명하다.

인류는 지구에서 살아가는 생명체 중 하나였다. 그러다 불을 일으키는 것으로 식생활을 컨트롤할 수 있게 되었고 언어를 사용하는 것으로 의사를 명확히 전달할 수 있게 되었다. 무엇보다도 문자를 사용할 수 있었기에 유전적인 진화뿐만 아니라 기록에 의한 지식의 전달이 가능해졌다.

이후 사회가 형성되고 발전함에 따라 인간의 능력을 분류할 필요성이 생겼다. 조직을 움직이기 위해서는 적재적소에 인재를 배치하는 게 중요하기 때문이다. 체력이 약한 자, 힘이 약한 자, 용기가 없는 자들과 함께 다른 집단과 싸우게 되면 지는 것이 자명하다. 또한 지혜롭지 못한 자, 대화 능력이 떨어지는 자와 함께 다른 사회와 교섭한다면 역시 상대방과 제대로 담판을 짓지 못해 원하는 결과를 얻지 못하게 된다. 그러므로 각 인간의 능력을 변별하기 위해 평가 제도가 생겨났고 그 역시 시대의 요구에 맞게 변화해왔다. 평가는 자신들의 사회를 지키고 발전시키기 위하여 적재적소에 인력 배치를 실행하는 수단으로써 필수 불가결한 것이었다.

한편 인재 평가를 잘못해 문제가 생긴 사례도 역사적으로 무수히 많다. 그 대표적인 예가 혈연관계를 과도하게 중시해 우수한 직원이 하나둘 떠나 조직이 무력해지는 경우다. 만약에 그런 이유로 퇴직한 사원이 창립한 회사가 업계의 라이벌이 되어 악영향을 끼친다면 정말 최악의 결과라 할 수 있다. 혈연에 대한 과잉 평가는 우수한 사원에 대한 평가

억제로 이어져 최악의 흉기가 되어버린다.

또 회사에서 능력 있고 잘나가는 사람은 시기와 질투로 인해 미움을 받는 경우가 비일비재한데 이런 경우 오너나 평가자가 되는 상사가 신뢰를 가지고 지속적으로 지지를 해주지 않으면 그 직원은 도태되거나 회사를 위협하는 존재가 되기도 한다.

평가자는 혈연과 지연을 떠나서 객관적인 시선으로 각 조직원의 능력을 멋지게 간파하는 능력을 가져야 한다. 이런 객관적인 평가가 존재할 때 평가는 조직을 움직이는 최대의 도구가 될 수 있다.

평가는 인재 활용의 기초다. 평가자는 '내일의 회사를 짊어질 인재를 고르는 중요한 업무다'라는 의식을 가지고 평가에 임해야 한다는 것을 잊어서는 안 된다.

진정한 평가를 얻기 위해서는
평가와 마주하는 올바른 자세가 우선이다

평가 대상자에게도 문제는 있다. 일하는 것을 동아리 활동의 연장처럼 마음 편하게 생각하는 사람이 적지 않다. 노동 문제에서 항상 공론이 되는 '이직의 753'이 그 전형적인 사례다. '이직의 753'이란 처음 취직한 곳에서 3년 이내에 그만두는 비율이 중졸 70%, 고졸 50%, 대졸 30%라는 것이다.

중졸과 고졸은 아직 연령대를 기준으로 볼 때 이성적이지 못하고 감정에 민감한 시기여서 어쩔 수 없는 부분도 있다 하더라도 대졸의 30%는 가볍게 넘길 만한 수치가 아니다. 이직을 마치 소속된 클럽이나 동아리를 바꾸는 것같이 쉽게 생각하고 있음을 알 수 있다. 물론 회사의 도산

등 부득이한 이유로 어쩔 수 없이 퇴직과 이직을 하는 사람도 있겠지만 30%나 된다고는 생각하기 힘든 수치다.

기타오 요시타카의 베스트셀러《무엇을 위하여 일하는가》에는 '일이란 인생 그 자체'라는 말이 있다. 일하지 않고 행복한 인생을 보낼 수 있는 사람은 거의 없다.

일을 한다는 것은 인생을 거는 것이다. 수학을 막 배운 초등학교 1학년생이 갑자기 '미분적분부터 배우고 싶어'라고 응석을 부려도 반드시 '1+1=2'부터 배우는 것처럼 처음 일하는 3년 동안의 기간은 장래에 자신이 하고자 하는 일에 제대로 종사할 수 있도록 능력을 습득하기 위한 기초를 다지는 시간이다.

그럼에도 '청년층의 이직 이유와 직장 정착에 관한 조사'(노동제작연구)의 자료에 의하면 근속 연수 3년 미만일 때 퇴직하는 이유의 Top 3는 다음과 같다.

① 업무상의 스트레스가 크다 29.7%
② 노동 시간이 길다 24.4%
③ 직장 내 인간관계가 힘들다 22.2%

또한 근속 연수 3년 이상 사원의 이직 사유와 비교하여 비율이 높았던 것은 다음과 같다.

① 채용 조건과 직장의 실태가 달랐다

② 노동 시간이 길다

③ 경영자와 경영 이념이 자신과 맞지 않다

④ 직장 내 인간관계가 힘들다

⑤ 업무가 재미있지 않다

⑥ 업무상의 스트레스가 크다

이러한 현실을 매우 안타깝게 생각하는 것은 나 혼자뿐일까?

이제 막 학교를 졸업하고 직장에 첫발을 내딛는 지금, 기초를 다진다는 것은 수학으로 말하면 '1+1=2'라는 기본적인 계산부터 배우는 것과 같으므로 스트레스가 많지는 않지만 반대로 재미있지는 않을 것이다.

그러나 나는 조급함이 장래에 좋지 않은 영향을 준다고 생각한다. 처음부터 하고 싶은 업무를 맡을 수 있다고 생각하는 것이 분명 잘못이기 때문이다.

이것은 교육의 문제일까? 나는 기초 교과에 '수파리'를 더해야 한다고 늘 생각하고 있다. 성장하기 위해서는 틀을 배우는 '수'를 건너뛰어서 '파'를 원해서는 안 되는 것이다.

기초를 쌓는 단계의 업무를 익힐 시기에는 기대한 것보다 평가가 낮더라도 어느 정도 시간이 지나면 평가가 상승곡선을 그리고 승진할 수 있다는 목표를 가지고 인내하는 것이 중요하다. 반대로 기초를 쌓는 기간임에도 높은 평가를 얻고 있는 사람은 '평가 에러가 나에게는 유리하게 작용했을지도 모른다'는 겸손함도 가질 필요가 있지 않을까 싶다.

기초를 쌓는 기간을 잘 극복하면 기초에 실력도 겸비하게 될 것이다. 그러면 중간 관리자로 들어간 시기에는 평가도 상승하여 승진하기 쉬운 상황이 된다. 평가가 신경 쓰이는 사람은 제3장에서 설명한 평가 에러를 유도하려는 노력도 계속해주길 바란다.

그러면 '지금' 이미 중간 관리자 또는 그 이상인 사람들은 여태까지 계속된 평가 불만을 어떻게 해소하며 평가를 높이기 위해서는 어떤 행동을 해야 하는가?

조금 멀리 돌아가는 길처럼 느껴질지도 모르나 '수파리'의 '수'를 한 번 더 하겠다는 각오를 가지고 주어진 업무를 묵묵히 처리해나가기를 권한다. 톱니바퀴의 정신으로 다시 해보는 것이다. 일을 바로 잡는 것에는 '너무 늦었다'는 존재하지 않는다.

원하는 결과를 얻지 못했다면 분명 평가에 이유가 있을 것이다. 하지만 평가 불만을 질질 끌지 말고 잊어버리는 것이 최고의 약이다!

특별한 약이 아닌 일반적인 감기약도 '감기에 잘 든다'는 말과 함께 먹으면 컨디션이 좋아지는 경우가 있다. 이렇듯 본인이 믿어버리는 것으로 인하여 어떠한 플러스 효과를 얻을 수 있는 것을 플라시보 효과pla-cebo effect라고 한다.

이 플라시보 효과의 원인을 밝혀내려는 연구가 진행되고 있는데 아직 명확한 이유는 알지 못하지만 인간의 뇌와 밀접한 관계가 있다는 이론도 있다.《과학의 수수께끼, 미해결 파일》이라는 책에 이와 관련된 흥미로운 내용이 나오는데 다음과 같다.

> 플라시보 효과의 메커니즘을 설명하기 위하여 자주 이야기하는 것이 뇌가 착각을 한다는 설이다. 즉 병이나 상처 등을 고치기를 원하는 환자가 진짜라고 믿는 약을 복용하면 뇌가 병을 고치기 위한, 또는 통증을 완화시키기 위한 화학물질을 지속적으로 방출하여 몸이 회복된다는 것이다.
>
> 실제로 미국의 어느 의료팀에서는 우울증을 호소하는 사람들을 세 그룹으로 나누어 진짜 치료약을 복용하는 그룹, 대화로 치료하는 그룹, 일반 약을 복용하는 그룹으로 나누어 효과를 비교하는 실험을 실시하였다. 그때의 뇌를 스캔하니 일반적인 약을 복용한 사람과 치료약을 복용한 사람의 뇌가 동일한 반응이 보였다는 흥미로운 결과가 나와 있다.

평가를 대하는 자세가 실은 플라시보 효과의 부작용을 초래할 우려가 있다. 평가에 불만을 가져도 바로 잊어버리는 사람이라면 그런 걱정은 없으나 몹시 신경을 쓰는 사람의 경우에는 평가자가 엉터리 평가를 하고 있음에도 이를 '진정한 평가'라 믿어버리는 것이다.

실제로 평가에 대한 불만이 심해져 정신장애가 오고 우울증 판정을 받는 경우도 있다. 이것은 평가 스트레스를 극복하지 못했을 때 얼마나 심각한 상황에 처할 수도 있는가를 보여주는 것이다.

　평가는 엉터리이므로 일희일비할 필요가 없는데 스트레스를 받아 병까지 얻게 되어버리면 정말 안타깝다. 더 편한 마음가짐으로 평가와 마주하길 바란다. 덧붙여서 말한다면 이렇게 나쁜 영향을 주는 부작용 현상을 '노시보 효과nocebo effect(어떤 것이 해롭다는 암시나 믿음이 약의 효과를 떨어뜨리는 현상)'라고 한다.

03 평가에 대응하는 진정한 자세
– 단 하나의 톱니바퀴가 되라

당신은 무엇을 위하여 일하는가?

- 사람에게 도움이 되고 싶다
- 사회에 공헌하고 싶다
- 자신의 능력을 시험하고 싶다
- 큰 부자가 되고 싶다
- 그냥 평범히 살아가기 위해

생각나는 대로 다섯 가지를 열거해 보았는데 각 사람에 따라 더 많은 목적이 있을 것이다. 그리고 어떠한 목적이라도 우열은 없다.

그러나 경영자든 일반 사원이든 누구에게나 조직을 원활히 움직이기 위한 역할과 책임이 주어진다. 그 결과 희망하는 업무를 하게 된 사람, 그렇지 않은 사람이 반드시 나오게 된다. 또한 지금의 능력으로는 처리하기 힘든 업무가 주어지거나 너무 간단해서 지루하다고 할 일이 주어질 경우도 있다.

일하고 있는 당사자는 깨닫기 어려울 수 있지만 모든 업무를 숲을 보는 관점에서 보게 된다면 당신에게는 커다란 시계를 움직이는 톱니바퀴와 같은 연계된 역할이 주어져 있음을 알 수 있다. 또한 평생 같은 일만 하는 경우는 극히 드물며 능력, 근속 연수, 인간관계, 업무 양의 증감 등에 의해 배속되는 포지션이 다양하게 옮겨진다.

때로는 시계가 멈춰버리는 것, 즉 조직의 관점에서 일이 잘 진행되지 않는 경우도 있으며 이는 반드시 어느 부분인가의 톱니바퀴가 조직의 지시와 기대대로 움직이지 않았거나, 톱니바퀴를 움직이는 쪽의 방법이나 톱니바퀴의 배치가 잘못되어 있기 때문이다.

반대로 팀워크가 좋은 조직의 경우는 실수가 있더라도 다른 톱니바퀴가 커버하거나 업무에 따라 서로 소통하고 공유하여 자발적으로 수정할 수 있기도 하다. 팀워크가 좋다는 것은 목적을 정하고 각각의 톱니바퀴의 역할을 정하면 구성원 전원이 완전한 구성체가 되어 예측 불가능한 상황에서도 서로를 보완하고 힘을 합쳐 극복해낼 수 있다는 것이다. 기계의 진짜 톱니바퀴와는 달리 이러한 응용력이 인간적인 부분이다.

반대로 팀워크가 나쁘면 제멋대로인 톱니바퀴가 존재하여 서로 맞지 않아 삐걱대다가 결국은 멈춰버린다.

이렇듯 당신의 역할은 '고작 하나의 톱니바퀴'가 아니다. 조직의 전체 수행력을 좌우하는 '중요한 단 하나의 톱니바퀴'인 것이다. 하지 말아야 할 것은 평가 불만을 질질 끌면서 톱니바퀴의 움직임에 지장을 초래하는 일이다.

그러나 실제로는 '왜 내 능력이 더 높은데 저 사람보다 평가가 낮은가?'라며 평가 결과를 받아들이지 못하고 일에 최선을 다하지 못하는 사람이 많다. 이것은 대단히 잘못된 생각이다. 잘 생각해보라. '자신의 능력이 위다'라고 당신이 아무리 생각했더라도 '다른 사람'이 당신의 능력 부족을 커버할 만큼 철저하게 톱니바퀴가 되어 조직에 공헌한다면 객관적으로는 그 사람보다 당신이 낮은 평가를 받게 되는 것이 당연하다.

또한 평가 불만을 가진다는 것은 평가자의 평가가 틀렸음을 전제로 하지만 이미 당신은 '저 사람의 평가가 낮을 것이 분명하다'라고 당신이 내리는 평가가 정확하다는 것을 전제로 삼고 있음을 알아야 한다. 이것이야말로 모순이다. 당신이 내린 '저 사람'에 대한 평가가 평가 에러일지도 모른다.

당신은 회사의 평가에 만족하십니까?

평가의 진정한 목적은 승진이 아니라 평가 후의 모습을 보기 위함이다

영국의 세계적인 작가인 윌리엄 셰익스피어William Shakespeare의 희극 〈As You Like It (뜻대로 하세요)〉에 이런 대사가 나온다.

The fool doth think he is wise, but the wise man knows himself to be a fool.

"어리석은 자는 스스로가 현명하다고 생각하고 현자는 스스로가 어리석은 것을 알고 있다"라는 의미다.

'자기 평가와 타자 평가의 상관도'(27쪽)에서 B부분이 평가 불만 구역이라고 말한 것을 기억하고 있는가! 바로 '스스로가 현명하다고 생각한다'는 것에 의해 생기는 불만이다. 현자와 같이 '스스로가 어리석은 것을 알고 있다'는 겸허함으로 평가를 대한다면 평가 불만에 빠지는 일 없이 평가가 낮은 항목을 겸허히 받아들이고 그 부분을 개선하기 위한 노력을 아끼지 않을 것이다.

1999년에 데이비드 더닝David Dunning(코넬대학교 심리학 교수)과 저스틴 크루거Justin Kruger(뉴욕대학교 심리학 교수)는 학부생을 대상으로 인지 편향 실험을 해 '더닝 크루거 효과Dunning-Kruger effect'라는 이론을 발표했다.

그것은 '지식이 적은 인간이 지식이 더 많은 사람보다 자신이 사물에 대해 잘 알고 있다고 믿는 현상'을 말한다. 그리고 그들이 세운 가설은 아래의 네 가지 실험 결과로 증명되었다.

- 무능한 사람들은 자신의 능력을 과대 평가하는 경향이 있다.
- 무능한 사람들은 타인의 기술을 올바로 인식하지 못한다.
- 무능한 사람들은 자신의 무능함의 정도를 가늠하지 못한다.
- 이러한 사람들도 본질적으로 기술이 향상되도록 훈련을 실시하면 이제까지의 기술 부족을 깨닫고 그것을 인정할 수 있다.

나는 본래 어리석은 자는 존재하지 않고 모두 현자가 될 수 있다고 생각한다. 그러나 더닝 크루거 효과에 걸려드는 사람이 너무도 많다.

당신은 회사의 평가에 만족하십니까?

그 원인은 평가라는 것을 바르게 이해하지 못하고 있기 때문이다. 무능한 사람들은 실제 능력보다 자신의 능력을 과대 평가하는 경향이 있어 스스로의 부족함을 알지 못한다. 반면 유능한 사람들은 자신의 부족함을 알기 때문에 상대적으로 능력을 과소 평가한다는 것으로 이런 불일치로 인해 평가 불만이 발생한다.

평가는 무엇을 위해 있는 것인가… 승진?

아니다, 평가는 그 평가에 맞서는 '자세'를 평가하기 위해 있는 것이라 할 수 있다.

평가 불만 스트레스로 의욕을 상실하고 이 때문에 업무 수행력이 떨어져 점점 더 나쁜 평가를 받게 되는 악순환에 빠지는 사람 중에는 착실한 성격이 많다는 것을 긴 조직생활에서 실감하게 되었다. 이런 모습이 안타까웠기에 불필요한 평가 스트레스 때문에 조직에서 중요한 인재들이 더 이상 좌절하지 않게 할 수 있는 방법은 없을까 하는 생각을 종종 하게 되었다.

그렇게 해서 오랜 직장생활의 경험을 토대로 평가 제도와 그 실체를 정리하여 이 책을 쓰게 되었다. 이 책에서 가장 중요하게 전달하고 싶어 한 것은 '평가는 엉터리'라는 것이다.

나는 평가 불만으로 고민하는 사람들에게 단순한 응원 메시지를 보내려는 생각으로 이 책을 쓰지는 않았다. 그것보다도 평가가 얼마나 엉터리인지 알게 해주는 동시에 평가 불만으로 고민하는 사람들에게도 사고의 전환이 필요한 부분이 '산더미만큼' 존재한다는 것을 전하려고 했다.

그러한 생각이 가장 가득 담긴 곳이 3장이다. 특히 '편리한 존재', '도움이 되는 존재', '화합의 존재'가 되려는 노력은 조직에서 일하는 사람이라면 진지하게 생각해야 할 중요한 처세술이다.

지속적으로 높은 곳으로 올라가고자 한다면 당신에 대한 상사의 잘못된 평가는 물론 주위에 존재하는 당신에 대한 잘못된 평가에 불만을 갖고 피하려고만 해서는 안 된다. 본문에서 쓴 것처럼 평가는 측정이 아닌 판정이기에 잘못을 내포하고 있을 가능성이 크다. 때문에 조직에서, 다른 사람의 평가에서 살아남기 위해서는 '이치'가 아닌 '정'으로 필요하다고 여겨지는 존재가 되기 위한 노력을 소홀히 해서는 안 된다는 것이다.

　승진을 하건 하지 못하건 평가 스트레스가 넘치는 평가 불만 사회는 평가하는 쪽도 평가당하는 쪽도 모두 피해자라고 할 수 있다. 평가의 본질을 알게 됨으로써 평가 불만의 고민으로부터 벗어나고 승진에 대한 부담감을 더는 분들이 한 분이라도 많이 나오기를 간절히 바라며 마치고자 한다.

　마지막으로 집필할 기회를 주신 출판사와 협력해주신 모든 분께 감사를 표하며 여기서 펜을 놓는다.

후지모토 아쯔시

평가는 자신의 능력을 끌어올리는 데 도움이 되는 하나의 도구다

자신의 평가에 만족하는 사람이 몇이나 될까? 대부분은 불만을 가지고 있을 것이다. 하다못해 학창시절 시험 점수에도 번번이 이의를 제기하고 불만을 갖지 않았는가?

그런데 왜 이 책은 "당신은 회사의 평가에 만족하십니까?"라는 빤한 질문을 하고 있을까?

누구나 남보다 뛰어나 보이길 원하고 다른 사람들에게 인정을 받고 싶어 한다. 하지만 나에 대한 평가는 항상 절하되어 있는 것 같다. 왜 사람들은 내가 가진 능력을 제대로 보지 못하는 것인가를 생각하면 늘 괴롭다. 하지만 어떻게 해야 제대로 된 평가를 받을 수 있는지 고민의 고민만 더해지고 별다른 해결책도 보이지 않는다.

저자는 평가는 사람이 사람을 판정하는 일이기에 어쩔 수 없이 일정 부분 잘못된 판단이 들어갈 수밖에 없고 또 다른 사람의 진면목을 평가제도 안의 배점과 평가 항목으로 전부 알아낼 수는 없다고 단언한다. 아무리 잘 짜인 평가 제도라도, 아무리 평가자가 제대로 된 평가자 훈련을 받았다 할지라도 늘 한계가 존재한다는 것이다. 아무도 당신을 100% 정확하게 평가할 수는 없다. 그러나 이 사회에서 살아가려면, 조직에서 살아남고 승진하려면 평가를 피할 수는 없다. 그렇다면 중요한 것은 자신의 능력을 평가자에게 제대로 보여주고 더 나은 모습을 보이려고 노력하는 자세다. 그렇게 했을 때만이 스스로의 발전을 꾀할 수 있고 조직의 정상에도 설 수 있다.

절대 잘못된 평가에 발목이 잡혀서는 안 된다. 이번에 평가를 잘못 받았다면 다음에는 어떻게 이 평가를 높일 수 있을지 발전적인 방향으로 생각하라. 평가 제도의 허와 실을 바르게 알고 나에게 유리하게 작용하도록 전환시키자. 평가 불만 스트레스에 사로잡혀 있는 것은 시간낭비다. 평가에 일희일비할 시간에 자기 계발에 매진하라.

오랫동안 조직생활을 해온 사람으로서 저자가 말한 평가 제도의 허와 실에 고개를 끄덕이게 되는 점이 많다. 그러고 보니 조직에는 늘 '저 사람은 실력도 있지만 운도 좋아'라고 했던 이들이 존재했다. 운이 좋은 사람은 당연히 상사에게 사랑을 받고 평가에서 높은 점수를 얻어 승진에서도 앞서갔다. 한두 번의 좋은 평가가 아니라 꾸준히 높은 인사 성적을 받는 사람에게는 그만의 노하우가 있다. 그런 사람은 이 책에 나와 있는 기술을 먼저 실천한 사람들이 아닐까?

오세형(도서출판 참 대표)

당신은 회사의 평가에 만족하십니까?